教育を、取り戻す

「壊憲」教育に抗う人々

平舘英明

目次

はじめに

この国はいったいどうなってしまったのだろうか。

安倍晋三政権は、戦前の「教育勅語」を学校教育の教材として使用することを容認した。教育勅語は、国家の緊急事態にあたって、天皇のために命を捧げよと国民（臣民）に命じたものだ。「戦争は教室から始まる」と看破したのは元軍国少女で戦後教師になった北村小夜さんだが、そうした軍国主義教育が戦禍による多大な犠牲を生み、取り返しのつかない過ちにつながった。旧教育基本法（１９４７年制定）は、戦争の痛切な反省のうえに立ち、日本国憲法の精神（国民主権・平和主義・基本的人権の尊重）を具体化するために制定された。これを受けて、教育勅語は国会で排除・失効した。ところが、現行憲法とは相容れない教育が復活しようとしている。まさに、「壊憲」の教育だ。ひと昔前だったら、内閣が吹っ飛ぶような暴挙である。森友・加計《かけ》学園疑惑で内閣支持率は下がったものの、安倍首相は臨時国会冒頭で衆議院を解散し、自民・公明の与党が改憲発議に必要な3分の2議席を獲得した。いよいよ、安倍政権は憲法改定に始動する。

第1次安倍内閣は新教育基本法（２００６年）を制定し、教育の目標に「愛国心」を盛り込んだ。そして、第２次安倍内閣では道徳が正式教科となった。道徳教科書には国が教え込みたい「徳目」が反映され、子どもの内面が評価の対象になる。戦前の「修身」のように国家の価値観が押しつけられる危険性がある。

戦前回帰の教育が進められているにもかかわらず、メディアの反応は鈍い。学校現場からも危惧する声があがってこない。子どもを学校に通わせている親たちは、この現状をどう感じているのだろう。教育政策が「戦争する国」につながるとしたら、無関心ではいられないはずだ。安倍首相は新たな憲法を20年に施行したいようだ。改憲の項目には、国民受けする「教育の無償化」が盛り込まれているが、本丸は憲法９条（自衛隊の存在明記）にあることは明白だ。

安倍政権はこれまでの憲法解釈をねじまげ、集団的自衛権の行使を容認し、安全保障関連法案を強行採決した。アメリカの戦争に加担し、自衛隊が戦闘に巻き込まれ、日本人がテロの標的になることが現実味を帯びてきた。軍事予算は文教予算を上回り、５兆円を超えて過去最高となった。こうした軍拡が教育政策と無関係のはずはない。「戦争する国」に向かうとき、必ず教育が標的になる。戦場に行く人材、銃後には自己責任で生きる人材など戦争遂行の責務を果たす国民が必要となるからだ。教育の目的はいうまでもなく「人格の完成」だが、安倍教育改革の目的は国家に役立つ「人材の育成」である。

だが、諦めてはいけない。学校現場では間違った教育政策や、不当な処分と闘う教職員がいる。軍事研究を行なわないと宣言した大学がある。奨学金の拡充や、臨時教師の待遇改善を求める運動も根強い。そして、安倍教育改革に危機感を持って活動を続ける市民がいる。希望はそこにある。

本書は『週刊金曜日』に掲載した記事をもとに、追加取材を行ない、教育現場で起きている現実を描いた。教育は、わたしたちがどんな国をつくるのか、どんな社会を目指すのかと深くかかわる問題だ。国のかたちが変わろうとする今、本書が安倍政権から「教育を、取り戻す」きっかけになれば幸いである。

平舘英明

第1章　憲法と民主主義を守れるか
岐路に立つ「主権者教育」

主権者教育のゆくえに暗雲が広がりつつある。

文部科学省は、選挙権年齢の引き下げにともない、高校生の政治的活動を禁止した「1969年通知」を廃止した。「69年通知」とは、日米安保条約反対などの大学紛争の影響で、高校での授業妨害や学校封鎖が発生したことを受け、当時の文部省が高校生の政治的活動を禁止したものだ。

だが、文科省は通知を廃止したものの、校内での政治的活動は制限または禁止した。加えて、休日や放課後の校外での政治的活動に「届け出制」を認める方針を示した。これによって、愛媛県教育委員会では県立高校全59校を対象に、事前届け出制を導入するなど、さまざまな制約がかかりはじめている。

それだけではない。有権者＝「主権者」教育を実践する学校現場では、「政治的中立性の確保」や「教育公務員の政治的行為の制限」を口実に、露骨な政治介入が相次いでいる。

しかも、こうした政治介入が集団的自衛権の行使容認の閣議決定や、安全保障関連法案にからめて起きていたことは単なる偶然ではあるまい。これは強引な政権運営を行なっている権力側の危機感の現われでもある。

政権批判への圧力

「あの出来事以来、職員室では迂闊にものが言えなくなった——」

こう語るのは北海道の高校教師である。「あの出来事」とは、組合活動が教師の政治的行為として問題化した事件だ。2015年8月、北海道高等学校教職員組合連合会（道高教組）は、俳人の金子兜太氏が揮毫した「アベ政治を許さない」と印刷したクリアファイルを作成した。当時、「アベ政治を許さない」のスローガンは、安全保障関連法案反対のうねりのなかで急速に広がっていた。「教え子を再び戦場に送るな」を綱領に掲げる道高教組は、スローガンに賛同して、クリアファイルを組合員約1500人に配布した。8月に国会前で行なわれた安保法制反対の大規模集会には道高教組の組合員も参加している。

ところが、このクリアファイルが北海道議会（9月議会）でやり玉にあがった。質問したのは自民党・道民会議の藤沢澄雄議員だ。藤沢議員は「（クリアファイルが組合に）所属していない教師の机にまで置かれていた」と指摘し、北海道教育委員会（道教委）に事実確認を求めた。それに対し、道教委は5管内5校で机上に置かれていたと報告。この答弁に納得しない藤沢議員は、あらためて「（高校に限らず）すべての学校において調査す

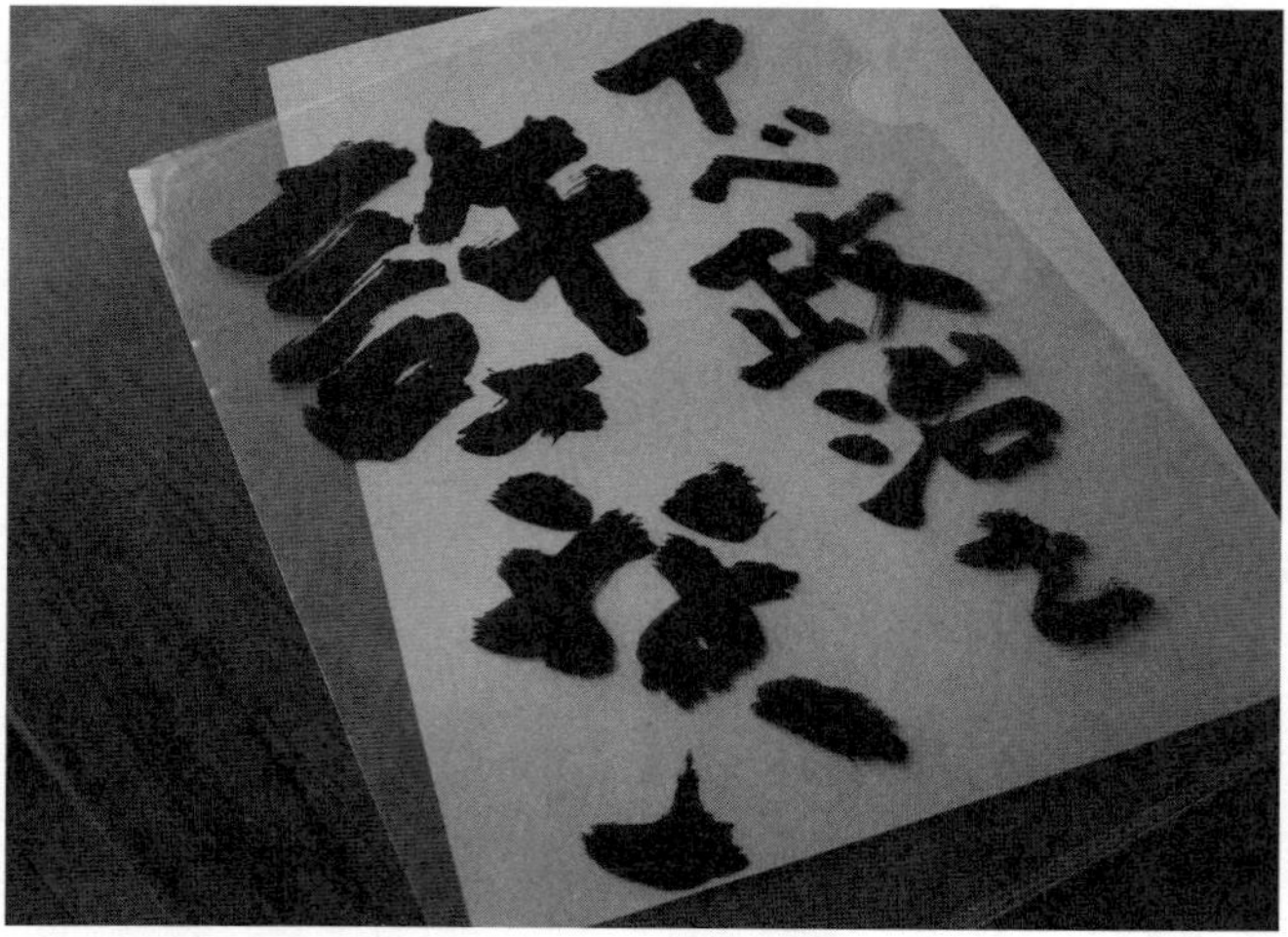

道高教組が作成したクリアファイル。道高教組では「社会に対する健全な批判力を養うことがシティズンシップ教育の根幹だ。正当な政治教育の自由こそ道教委は保障すべきである」として、教育への介入を許した道教委を批判している。

るべきだ。政治的中立の確保について、厳正に対処すべきではないか」と追及した。

これを受けて、道教委は「人事院規則（注1）に違反するおそれがある」として、道内すべての小・中・高の教職員を対象にクリアファイルに関する調査を行なうよう道立学校と市町村教委に通知した。調査内容は「いつ、どこで、誰が、誰に配布していたか」や、「置かれている」「放置されている」「職員が使用している」状況などを具体的に記入する様式になっており、「密告」に等しい調査となった。実際に寄せられた回答には学校名や教師の名前だけでなく、クリアファイルに関する教師間の会話内容や、クリアファイルを見た生徒の反応なども記されていた。藤沢議員は「（クリアファイルは）動く掲示板のようなもので、明らかに（政治的）メッセージを有する。見過ごすことはできない」と主張する。はたして、ここまでの調査は必要だったのか。

そもそもこのクリアファイルは、組合活動の一環として作成されたものだ。したがって掲示をしたり、不特定多数の教師や生徒に配ったわけではない。道教委の通知でも「クリアファイルを自分の机に置いたり、個人的に使用する行為は直ちに『政治的行為』とは言えない」としている。むしろ、調査は憲法28条（団結権）を侵害する不当労働行為に抵触するといえる。道高教組は「組合機関紙に書かれる『政権批判の記事』まで制限するのと同様だ。憲法21条（表現の自由）を否定し、戦前の教育体制を彷彿させるものだ。教育への不当な介入から学校や教職員を守るべき道教委の本来の任務を放棄している」と強く抗議している。

道教委は15年12月に調査結果を公表し、「(机上に）置かれている」のが15校20件あったとした。「配布を見た」ケースはなく、道教委（教職員課）は「法令違反はなかった」としながらも、「組合活動であっても、われわれ公務員は政治的行為を禁止されている。組合活動だからといって、何をやってもいいわけではない」と釘を刺した。

この調査が学校現場に与えた影響は大きかった。ある学校では調査の際、校長から「ファイルを持っているだけでアウトだ」と言われた教師が何も反論できなかった。ある教師によると、北海道の学校現場は教育行政の意向を忖度《そんたく》し、従順に動く管理職が多くなっており、こうした管理職の態度が教師へのパワーハラスメントにつながっているという。

クリアファイル問題は、政権批判を「政治的行為」にすり替えることで、萎縮効果をねらう意図があったのだ。

過剰な自主規制

安保法制をめぐる政権批判への圧力は大学にも及んでいる。

15年7月には放送大学の単位認定試験の問題をめぐり、政権批判と指摘された問題文の冒頭5行（14ページ上段参照）が削除された。問題となったのは「日本美術史」の1学期の単位認定試験。放送大学客員教授（当時）の佐藤康宏東京大学教授（日本美術史）が出題したもので、戦前戦中の歴史を解説した文から画家名の正誤を見つける問題だった。この問題文の冒頭の箇所に対し、受験後に1人の学生から放送大学にメールが届く。そのメールは「日本美術史の試験問題の最後の問いにおいて現政権への批判ともとれる文章がありました。別にその問題を作成した人物の主義主張は自由ですが多くの受験者の目に触れる試験問題で現在審議が続いているものに対する事案に対して思うことはあってもこのようなことをするのは問題だと思います。正に教育者による思想誘導と取られかねない愚かな行為だと思われます。（中略）今回の件は非常に残念に思います」といった内容だった。

佐藤教授は、大学の単位認定試験係を通じて「問題文の趣旨に賛成反対でも解答に差が出る問題ではない」「安保法制に反対しなければならないと主張しているわけではない」「試

政権批判として削除された問題の冒頭部分

現在の政権は、日本が再び戦争をするための体制を整えつつある。平和と自国民を守るのが目的というが、ほとんどの戦争はそういう口実で起きる。1931年の満州事変に始まる戦争もそうだった。それ以前から政府が言論や報道に対する統制を強めていた事実も想起して、昨今の風潮には警戒しなければならない。表現の自由を抑圧し情報をコントロールすることは、国民から批判する力を奪う有効な手段だった。

放送法第4条

放送事業者は、国内放送及び内外放送（以下、「国内放送等」いう。）の放送番組の編集に当たっては、次の各号の定めるところによらなければならない。

一　公安及び善良な風俗を害しないこと。
二　政治的に公平であること。
三　報道は事実をまげないですること。
四　意見が対立している問題については、できるだけ多くの角度から論点を明らかにすること験問題として不備はない」ことを理由に抗議を受けつけない旨を伝えた。ところがその後、放送大学の副学長が「(冒頭の)5行分の内容は試験問題としては不適切」として、冒頭文を試験問題と解答を公開している大学のサイトから削除すると通告してきたのだ。

その根拠となったのが放送法第4条だ(14ページ下段参照)。放送大学は公共の電波を使用して授業を行なうために放送法の規制を受ける。当然、佐藤教授もそうした規制を受け入れ、放送授業の制作にあたってきた。たとえば、身体障がい者に配慮した表現などだ。ただ、授業は一度制作してしまうと更新が難しい。したがって、佐藤教授は試験問題には時事的話題を取り入れてきた。それは過去の日本美術を学ぶにしても、現在を生きる自分の問題として考えてもらいたいからだ。試験問題は公共の電波を使用しない。問題文と解答も学内サイトで学生らにしかアクセスできないしくみになっている。

佐藤教授は「放送法が試験問題文までをコントロールするものではないし、試験問題はあくまで教員の裁量において出題され評価されるべきものだ。これは表現の自由の制限であり、わたしに与えられた裁量権の侵害だ。(削除という)重大な決定をする前に相談があるべきだ。そういう(削除する)ことなら(客員教授を)辞めるとすぐに返事をした」と語る。

たった1通のメールに対する過剰な反応は何を意味するのか。高市早苗総務大臣(当時)が〝政治的公平性を欠く番組〟をくり返し放送した放送局に対し、電波を停止する可能性に言及したことが、今回の問題と無関係ではない。佐藤教授は「戦前は規制も厳しかったが、それ以上に自主規制が大きかった。まるで戦前のようになっている。政治的中立とは現在の政権の見解や、多数派の意見から距離を置いた立場でものを考えることではないか」と話す。

佐藤教授によると、放送大学の教員からは激励も批判の声もまったく聞こえてこないという。この沈黙は何を意味するのか。学問の自由、教育の自由が危機的状況を迎えている。

憲法授業が標的に

授業内容への政治介入も起きている。その典型が、北海道の道立高校2校で行なわれた「憲法出前授業」だ。憲法出前授業とは、札幌弁護士会の憲法委員会が憲法教育の一環として取り組んでいる活動だ。憲法が実生活と深くかかわっていることを実感し、立憲主義を理解してもらう目的で、「現代社会」の年間指導計画に位置づけられてきた。

札幌琴似工業高校では08年から憲法出前授業に取り組み、原発や生活保護、労働、冤罪、DV（ドメスティック・バイオレンス）などの問題を扱ってきた。14年7月に実施した授業は「日本国憲法って何だ？」と題し、集団的自衛権に触れる内容だった。安倍首相が集団的自衛権の行使容認を表明した直後であり、時宜にかなったテーマだった。授業は弁護士の一方的な講義ではなく、担当教師との対談形式で行なわれた。授業の様子は新聞に紹介され、教師の「海外で自衛隊が銃を撃つことは、憲法9条に反するのではないか」の問いに、弁護士が「法律の専門家の立場からすると、憲法違反です」と応じる場面が記事化された。

この報道に過敏に反応したのが道議会自民党だ。梅尾要一議員は議会において「全国弁護士会や北海道の4弁護士会は、（集団的自衛権行使容認の）閣議決定の内容に反対の立場であり、報道を知る限りでは、外部講師である弁護士も、閣議決定の内容について反対の立場から、生徒に誤解を与えかねない一方的な説明をしている。閣議決定の内容を正しく説明できる講師を呼ぶなど、全ての道民が納得できる形で、新たな授業を組み立てる必要がある」と主張した（傍線筆者）。要するに、「反対の立場」の授業が行なわれたのなら、「賛成の立場」の授業もやるべきだということだ。

当時、札幌琴似工業高校で授業を担当した川原茂雄さん（61歳・現札幌学院大学教授）は「『一方的な説明』とは予断と偏見に満ちた憶測だ」と憤る。使用した教科書には「集団的自衛権の行使は憲法9条に違反するというのが、現在の政府解釈である」と記述しており、弁護士の発言はその範疇のものだ。また、憲法出前授業の目的は集団的自衛権を教えるものではなく、立憲主義の理解を深めることにある。川原さんは、管理職を通して「授業のどこが問題なのか。どこが不適切なのか。改めるところはどこか」と道教委に何度も問い合わせたが、「問題である」「偏向している」といった指摘は一度もなかったという。にもかかわらず、道教委は授業の指導内容や資料、授業で使用したパワーポイントなどの調査を進める一方、担当教師には管理職を通して集団的自衛権行使に「賛成の立場」で授業をするよう圧力がかかりはじめる。

つまり、両論併記だ。だが、両論併記ははたして「公正中立」なのか。

刷り込まれた安全神話

川原さんが教師になったのは１９８０年だ。赴任先の道内下川町では高レベル放射性廃棄物処理場の候補地問題が起きていた（注2）。それ以降、原発や放射能に関心を持つようになり、「現代社会」の授業で積極的に取り上げてきた。当時、原発を取り上げた授業では「問題視する考え方」（反対）と「推進する考え方」（賛成）の両論併記で教えるように文部省（当時）の教育行政にたがをはめられてきた。両論併記は一見中立に見えるが、実際は違う。

その典型が教科書検定による修正や書き換えだった。川原さんによると、原発や原子力エネルギーの短所については「反対する住民」を「一部」、「安全性の問題」を「安全管理の問題」とすり替えられた。一方、長所については「石油に代わる重要なエネルギー」「火力発電よりもコストが安い」ことが強調され、結果的に「原発は安全だ」「放射能を浴びても大丈夫だ」といったプロパガンダが学校現場を支配していった。短所も長所も取り上げる両論併記は中立を装いながら、原発に賛成する側の考え方に「生徒の思考を誘導する隠された意図＝ワナがあった」と川原さんは指摘する。

実際に、福島第一原発事故以前の原子力に関する教育は原発推進を広報・流布するものだった。文科省と経済産業省資源エネルギー庁が10年2月に発行した「わくわく原子力ランド」（小学生用）や「チャレンジ！原子力ワールド」（中学生用）などの旧副読本がそうだ。この旧副読本には「原子力発電所では、事故を未然に防ぎ、事故への発展を防止する対策が取られている」「（原発は）大きな地震や津波にも耐えられるよう設計されている」などと記述されていた。また、二酸化炭素を放出する火力発電に対し、原発のクリーンさが強調されていた。旧副読本は原発事故後に回収されたが、「安全神話」の刷り込みは国策として進められてきたのだ。

なかでも、福島県の原発立地自治体の学校は、東京電力の影響を強く受けてきた。東電や関連企業で働く親を持つ児童生徒は、クラスの半分から3分の2を占めた。地元では恵まれた家庭の典型であり、東電に勤める保護者らはPTA役員などを積極的に引き受けた。暗黙のうちに安全神話の根が張り、ある教師は「とても反原発などと口に出せる雰囲気ではなかった」と回想する。授業内容についても然りだ。たとえば、電気を取り上げた授業（小学4年生理科）。使用する教材は東電が提供し、職員を派遣した出前授業も行なわれた。こうした東電のPR活動の窓口となっていたのが、歴代の元校長たちだ。

さらに、原子力ポスターの制作などが課題に設定され、大半の子どもたちはクリーンな未来都市をイメージした絵を描いた。習字では「原子力」や「原子力の日」の文字が題材に使われた。福島第一原発がある双葉町から北海道に避難した女性（30代）は「原発があるのが当たり前。（子どものときから）安全性を疑ったことはなかった」と話す。そうした環境のなかで、教師自らも安全神話に染まっていったのだ。

そして原発事故後、福島県では「放射線を心配しすぎる方が健康によくない」といった見解が流布され、放射線による健康の影響を被害者の「心の問題」に転嫁する動きが活発になった。他にも、「放射線よりもタバコや交通事故の方が危険だ」「福島原発事故では死者が出ていない」などの新たな安全神話への「洗脳」もあった。福島県のある教師は「このままでは原発事故は想定外の出来事であり、人災ではなく天災にされてしまう」と危惧している。

福島第一原発事故によって、自校での授業再開ができなくなった中学校でエネルギーに関する授業（理科）が行なわれた。教師が火力・水力・原子力・再生可能エネルギーの利点や欠点を客観的データで示し、将来のエネルギーのあり方について意見を出し合った。授業では自分たちの未来を真剣に考えるために、あえて原発事故後のつらい生活現実に向き合った。そのうえで「どうすれば明るい未来がくるのか」、そして「自分たちには未来を変える力がある」ことを気づかせていく。この授業を行なった教師は「わたしからは原発の是非の意思表示はしない。大切なのは生徒自らが考え、芽吹いていく力を養うことだ」と話す。

福島県の子どもたちは、原発事故によって家族や友だち、ふるさとから引き離された。原発事故の恐ろしさを身を以て体験し、非日常を日常として受け入れてきた。原発や原発事故を学ぶには、この生活現実を抜きに語ることはできない。南相馬市の小学校では、作文で震災の語り直しをした。一人ひとりが、あのとき抱えた苦しみと悲しみに向き合うなかで、クラスメートも自分と同じ思いであったことを知る。周囲に受け入れられ、安心し、自己規制を解いていくなかで、涙する子もいたという。担当した教師は「原発事故によって、これまでの生活や生き方、将来が問われている。この先どういう社会にくらし、どう生きていくかを選び取るのは子どもたちでなくてはならない。そのために、自分で考え、判断できる力をつけさせなければならない」と語る。これこそが主権者教育につながるのではないか。

両論併記による事実の捉え方は、決して公正中立ではない。いまだに約5万5000人が避難生活を余儀なくされ、収束の目途が立たない福島第一原発事故の現状がその証左だ。川原さんには痛切な反省がある。異動を繰り返すなかで、担当科目が「現代社会」から外れることもあり、授業で原発や放射能を取り上げる機会が減っていったことだ。その最中に、福島第一原発事故が起きた。川原さんは、原発の危険性を「知っていた」にもかかわらず「生徒に伝え切れなかった」、「知っていた」のに「何もしてこなかった」との不作為の責任を感じた。それが一般市民向けに行なっている「原発出前授業」というボランティア活動につながった。

川原さんは「両論併記は中立なのか。もう一方の意見をぶつけることで、事実は相対化する。南京大虐殺はなかった、従軍『慰安婦』はいなかったという説を真実化させるのと同じだ。別の意見を生徒に刷り込ませることで、次の段階では事実すら隠蔽されかねない」と危機感を強める。

「出前授業」が断ち切れに

さて、話を戻す。憲法出前授業をめぐって、集団的自衛権行使の容認に「賛成の立場」で授業をするよう圧力はかかったのか。

道教委（高校教育課）は「学校側から『（授業は）一方的な（反対の）意見だったと判断した。（生徒に）誤解されては困るので、もう一方の（賛成の）意見の授業もやります』との報告を受けたので、（道教委として）了承した」とする。つまり、「賛成の立場」の授業は学校からの申し出であったとして、行政側からの圧力を否定している。ほんとうにそうなのか。

　川原さんと同じく憲法出前授業を行なった教師がいる。当時、道内胆振《いぶり》地方の高校に勤務していた松本徹さん（63歳）だ。憲法出前授業が道議会で問題になり、道教委の調査が進んでいた頃のことだ。松本さんは、教頭から「集団的自衛権の行使に否定的なニュアンスを生徒が持ってしまっている。集団的自衛権に肯定的な人もいる。多様な意見があるという授業ができないか」と再授業を何度も迫られた。あまりの執拗さに「どうしたんですか？」と質すと、教頭は言葉を濁した。その態度から、松本さ

憲法出前授業を行なった松本徹さん。

んは教育行政からの圧力を感じとったという。教頭は連日、教育局（道教委の出先機関）とのやり取りに追われ、苦慮していた。帰宅時間は午後9時、10時となり、「うつ病になりそうだ」とこぼしていた。

だが、松本さんは再授業をいったんは拒否した。授業は年間指導計画に沿ったもので容易に変更はできない。授業に問題があったとは指摘されていない。何よりも、授業への不当な介入でもある。だが、管理職からの圧力は強いものだった。このままでは事態は収束しそうにない。結果的に、「平和主義と自衛隊」の単元で、集団的自衛権の行使容認を表明した安倍首相の記者会見に触れざるを得なかった。

松本さんは、憲法出前授業に強い思い入れがあった。なぜなら、胆振地方の高校でようやく実現した教育実践だったからだ。以前から、札幌市内の高校で実施されていた憲法出前授業をうらやましく感じていた。松本さんの勤務校で行なわれていた外部講師による授業は、講師が学年単位の生徒の前で一方的に60分から90分間話すだけだ。これでは静かに聞かせる態度を養う生徒指導で終わってしまう。

それと比べて、憲法出前授業はクラス単位で行なわれ、一方的な講義ではなく教師と弁護士の対談方式だ。授業の導入部分で担当弁護士の紹介や、仕事内容に触れることで生徒の関心を引き出せる。教育的効果は大きい。

だが、都市部の学校と違い、札幌市から特急列車で1時間半もかかる地方の学校に、弁護士を呼ぶにはハードルが高い。謝礼は５０００円が限度。１学年５クラスあるので弁護士も５人いる。これでは交通費すら賄えない。そんな条件で、弁護士が片田舎の学校に来てくれるとは思えなかった。

あるとき、松本さんは憲法委員会（札幌弁護士会）の活動を聞く機会があり、思い切って打診してみた。すると、憲法委員会は快く引き受けてくれた。費用もかからないことがわかった。地方の学校でも憲法教育ができる。うれしさが込み上げた。松本さんは「ウチの学校は勉強からドロップアウトする子もいて、学習課題を持つ生徒が入ってくる。まして、弁護士など初めて見る子ばかり。卒業して社会人になる前に少しでも大人にしてあげたいと思った」と振り返る。

憲法出前授業が定着すれば、憲法教育に取り組む地方の高校として、新聞社の取材があるかもしれない。地域社会や保護者、地元の小・中学生に学校をアピールするきっかけにもなる。期待は膨らみ、憲法出前授業は13年度からはじまった。

実際に、裁判員裁判を扱った憲法出前授業では、生徒が裁判員となって死刑判断に踏み込むような臨場感ある授業を体験した。イラク派兵差止訴訟（注3）を扱った授業では、弁護士の用意した内容の濃い資料を読み込んで理解しようとする生徒の姿を見て、松本さんは感動を覚えたという。

だが、道議会で憲法出前授業がやり玉に挙げられたことで、校長会では「今後は慎重にした方がいい」との結論に達した。松本さんの学校でも「待った」がかかり、その後は授業が行なわれていない。松本さんは「授業に問題はないと言いながら『慎重にしろ』というのは、管理職の立場からすると『やるな』ということだ。憲法出前授業は主権者としての行動力を身につけさせる最後のチャンスでもあった」と残念がる。

最大の犠牲者は、憲法教育を受ける機会を奪われた生徒たちではないのか。

教師への個人攻撃も

安倍政権になって教育への介入が露骨になっている。教科書検定基準の改悪もそうだ。基準改定のポイントは①特定の事柄を強調しすぎない、②近現代史で通説的な見解がない数字などの事柄については、通説的な見解がないことを明示する、③政府の統一的な見解や最高裁判例がある場合には、それらに基づいた記述にする、などだ。たとえば、関東大震災で虐殺された朝鮮人・中国人や、南京大虐殺の数も「通説的な見解」がない理由で矮小化されていく。そして、政府見解が「政治的中立」の基準となれば学校教育そのものがゆがめられるだろう。すでに、17年度から使用されている高校教科書では、集団的自衛権の行使についても、政府見解に沿ってさまざまな検定意見がついた。たとえば、「第9条の実質的な改変」の表題が「自衛隊の海外派遣」と修正されている。

領土問題もしかりだ。中学校の領土問題を扱った社会科の資料では、さいたま市が『我が国の領土に関する学習』ガイドライン」を作成。北方領土、竹島は「不法占拠」、尖閣諸島は「領有権の問題は存在しない」という政府見解のみが強調され、それが生徒用ワークシートにも反映されている。

さいたま市の社会科教師は「日本の固有の領土であることはわかるが、こうしたナショナリズムを前面に押しだす教え方でいいのか」と疑問視する。たとえば、国際協調という視点なら、日本の主張だけでなく、相手国の主張にも触れることで、どうしたら平和的に解決できるのかを考える授業が必要となる。政府見解だけに依拠すれば、生徒に「領海侵犯する船はけしからんから追っ払え」とか、不法占拠には「実力で奪い取ってしまえ」「戦争すれば一気に解決する」といった考え方を刷り込ませかねない。この教師は「そうした授業はそぐわない」と語る。

授業への介入はまだある。

大阪府下の公立中学校の社会科教師・平井美津子さん（57歳）は、副教材として「知る沖縄戦」（朝日新聞社発行）を授業で使用した。そのテスト問題の解答に対して、自民党市議が議会で「沖縄戦での日本軍の任務が『本土を守るための時間かせぎ』は正しいかもしれないが、他の選択肢の『沖縄の住民を守るため』『アメリカ軍を全滅させるため』も間違いではないはずだ」と主張した。そして、「特定の一社の新聞に偏って授業を構成していることは著しく公正を欠いている」と追及したのだ。市教委は、この市議の主張に対し、沖縄戦での日本軍の任務は「本土を守るための時間かせぎ」であったことは指導書にも書かれていること、さらに「知る沖縄戦」は適正な教材だとの認識を示し、今のところ大きな問題になっていない。

平井さんは以前、大江・岩波沖縄戦裁判で大江氏の支援活動にかかわっていた。この裁判は、作家の大江健三郎氏の著書『沖縄ノート』での集団自決などの記述をめぐって、旧日本軍の守備隊長らが、大江氏と版元の岩波書店を相手に、名誉棄損と出版の差し止めを求めたものだ。最高裁は11年、一審と二審に続き、原告の上告を退けて大江氏側の勝訴が確定した。その裁判の過程で、裁判所前で「勝訴」の旗を掲げる平井さんの姿が報道されたことがあった。当日は年休を取得していたが、「在日特権を許さない市民の会」（在特会）が平井さんの勤務校に乗り込み、「『学校をさぼって政治活動』との見出しのビラを撒くぞ」と脅される攻撃を受けている。

今後は、このように教師個人への攻撃が頻発するおそれも出てきそうだ。

萎縮する学校現場

自民党は「選挙権年齢の引き下げに伴う学校教育の混乱を防ぐための提言」（15年7月）で、教師の政治的行為の制限違反に罰則を科す「教育公務員特例法」の改定を打ち出した。「提言」では、「教員個人の考えや特定のイデオロギーを子供達に押し付けることがあってはならない」（傍線筆者）「教職員団体をはじめ関係団体や関係者は、ここで偏った指導や活動を行うことは我が国の民主政治の根底を揺るがす不正であり、断じて許されないことを強く自覚することを求める」といった強い文言が入っている。

自民党は以前にも、教職員組合（日教組など）の政治的中立の確保、選挙活動や強制カンパの違法行為を防止するために収支報告を義務づけ、違法活動団体には地方公務員法に定める人事委員会の登録団体から除外するなどの強硬姿勢を示してきた。さらに、16年の参議院選挙の時期にあわせ、公式ホームページで「学校教育における政治的中立性についての実態調査」と題し、中立性を逸脱した事例を「密告」させる調査を行なっている。だが、こうした政治による教育への不当な介入こそ、「特定のイデオロギーを子供達に押し付けること」ではないのか。

国や政治が教育に介入して深い傷跡を残したところがある。かつて、国の教育改革の実験場となった広島県だ。きっかけは、１９９８年の文部省（当時）による是正指導だ。当時、福山市内の一部の学校で「道徳」を「人権」、「国語」を「日本語」と時間割に表記していたことが、学習指導要領や法令から逸脱しているとされた。是正指導は教育内容や学校管理運営など多項目に及び、県教委は是正状況を報告するよう指導を受ける。是正指導は国に忠誠を誓う「踏み絵」となったのだ。是正指導を徹底するための「管理・統制」が強まった。卒・入学式の国旗掲揚と国歌斉唱が徹底され、部落差別をなくすための「同和教育」や、被爆地としての「平和教育」が偏向教育とされて攻撃の対象になっていった。是正指導の翌年、「日の丸・君が代」の強制をめぐって、世羅高校の校長が卒業式目前に自殺に追い込まれた。それが「国旗国歌法」の制定（99年）につながっていく。2000年代に入ると、学校選択制や特色ある学校づくりなど学校間競争をあおる新自由主義的教育改革が進められた。そんな「競争・選別」の教育改革のなかで、激務を強いられた尾道市の民間人校長が自殺するという悲劇が繰り返された。

教育への不当な介入は広島県だけの話ではない。主権者教育をめぐって現在、学校現場には不安と戸惑いが広がっている。ある社会科教師は『政治的中立』の名のもとに、自民党が本腰を入れて教育に介入してきた。社会科の授業では、すでに萎縮がはじまっている」と明かす。

たとえば、憲法9条と、集団的自衛権や安保法制を授業でどう扱うか。別の社会科教師は、生徒から「集団的自衛権って何？」と質問された。この教師は「日本が同盟を結んでいる国が攻められたら、日本が攻められたとみなして、日本もその相手国を攻撃するのが可能になることだ」と説明した。すると、その生徒は「わたしがある議員から聞いた話と違う。（その議員からは）これまで以上に日本の安全を守るためのもので、自衛隊の役割は今までと変わらないと聞いた」と答えたという。この教師は「僕の説明で間違いはないが、集団的自衛権については君が聞いたように『今までより安全になる』との意見もあるので、いろんな人に聞いてみるのがいいと思う」と話した。その後、このクラスでは憲法9条の政府解釈の変遷などを扱い、この教師が参加した国会前の集会の様子なども写真を使いながら授業をした。今のところ、議員を介してのクレームはないが、こうした授業も周到な準備と覚悟が必要になってくる。

また、別の教師は「今までは授業で戦争をしてはいけない。戦争だけでなく、武力の行使も威嚇もできないと憲法9条を教えてきた。9条のどこをどう読んでも『戦争できる』なんて書いていない。だけど、今度は場合によっては戦争ができるなんて、まじめな生徒が聞いたら『先生何言っているの?』と言うだろう。集団的自衛権行使容認の閣議決定や、そのカラクリを生徒に説明しようとすれば、膨大な予備知識を与えなければならない。面倒なので、憲法9条を授業で触れなくなるだろう」と語る。

新聞の教材にも縛りがかかり、『朝日』『毎日』『東京』は管理職から許可されない学校もあるという。

主権者をどう育てるか

学校現場では69年通知以降、政治教育は長らくタブー視されてきた。その影響から「政治教育はダメ」と考える教師は少なくない。加えて、社会問題に関心がない社会科教師も少なくないという。

一方で、憲法改正や米軍基地、原発などの意見が分かれる政治的課題を避ける教師も増えている。生徒には主体的に思考して判断するよう求めながら、「先生は原発に賛成反対のどっち?」と聞かれて何も答えられない教師が、主権者教育を担えるのか。生徒の信頼すら得られないだろう。ある教師は「真実を伝える授業をどれほどの教師ができているか懐疑的だ」と語る。

前出の川原茂雄さんは「教師も主体的に思考・判断している姿を生徒に見せるべきだ。そうしないと、争点のある問題には『どちらの立場にも立たない方が賢明だ』という判断停止を学んでしまう」と指摘する。若者が「選挙に行かない」「関心がない」理由もそこにあるという。世論調査で「(賛成反対の) どちらでもない」との回答が多いのも、そうした影響が少なからずある。それは、「従属化した主体性」を育てることにもつながる。

川原さんが以前勤務していた高校の「現代社会」では、生徒それぞれがテーマを決めてクラス内で発表する授業を続けてきた。その授業で集団的自衛権をテーマに選んだ生徒らがいた。そのなかの一人は「(川原)先生は(集団的自衛権行使に)反対かもしれませんが、僕は賛成です」と発言し、発表に向けて調べはじめた。だが、実際に発表した内容は「賛成」から「反対」に変わっていた。ある生徒は「今まで軽い気持ちで賛成と思っていたが、集団的自衛権を認めてしまうと少なからず戦争に巻き込まれると知り、恐くなった」、別の生徒は「集団的自衛権を行使してアメリカの手伝いをしていたら、『あいつも敵だ』と日本も攻撃をくらう。友達がやられていたら『普通は助けるだろ』と言われますが、国ではそうもいかないので反対です」とレポートをまとめている。川原さんは「その生徒が賛成から反対に変わったからよかったというわけではない。あくまでも大切なのは、彼は自ら調べていくなかで、自衛官の家族などのリアルな声を聞き、主体的に考え判断して反対になったことだ。これこそが主権者教育だ」と話す。

意見が分かれる問題でも、生徒には自分の考えを伝える努力をしている教師がいる。大阪府立高校で社会科を教える増田俊道さん(56歳)だ。増田さんは、自分が参加した特定秘密保護法や戦争法反対などのデモの様子を話題にすることもある。もちろん意見の押し

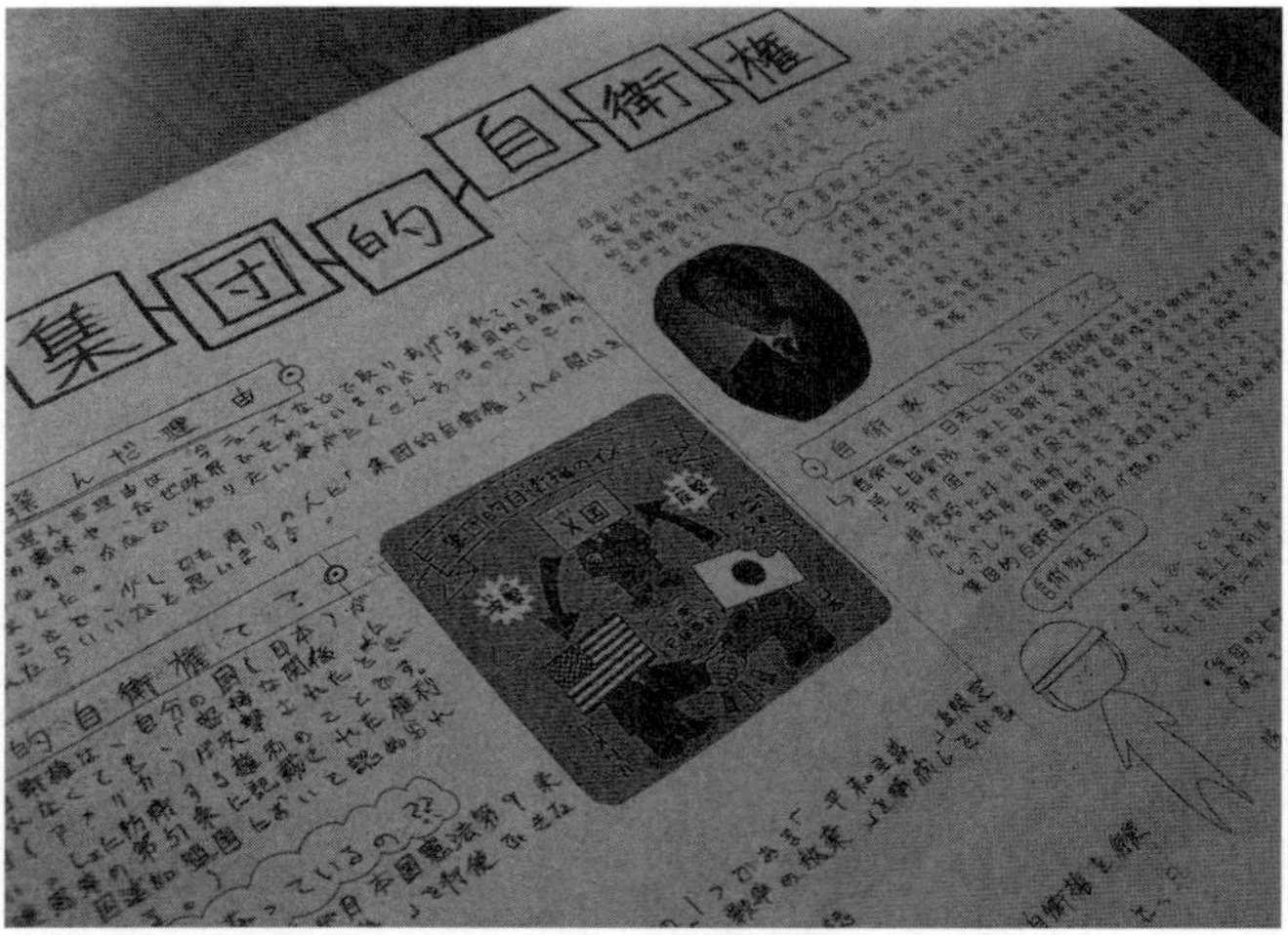

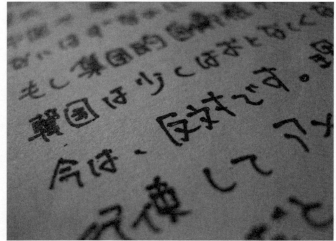

集団的自衛権に「賛成」から「反対」に変わった高校生のレポート。

つけはしない。増田さんは「教師はロボットではない。自分の意見を言うのも一つの教育だ。でも今は人事評価制度の影響でロボットになりつつある」と話す。

増田さんは卒業式の「君が代」斉唱時に不起立をして処分され、府を相手に裁判を争っている。生徒はそうした話題にも関心を持ってくれる。教師が教育の自由や内心の自由を放棄して、「君が代」起立斉唱の職務命令に無条件に従うことは、生徒にも同様の姿勢を強要することにつながる。増田さんは、生徒には自分で判断できる人間になってほしいとの思いから、「教師自らも考えることをやめてはいけない」と語る。

広島県出身で被爆二世の増田さんは右翼的な少年だった。天皇制は日本の歴史のなかで絶対的なものと信じていた。「日の丸・君が代」にも疑問を持つことはなかった。父親が倒れて生活が厳しくなったときも、貧しいのは自己責任だと思っていた。

だが、大学に入って、被爆者である父親を意識するようになった。そして、韓国の被爆者や被爆二世と交流して、歴史観や世界観が変わった。そうした体験を通して、学費や奨学金の問題についても考えるようになった。増田さんは「生きにくさは個人の責任ではない。社会科を学ぶ出発点は、社会で感じる疑問や矛盾だ。アルバイトを通して労働法を学ぶように、自分の身近な問題を社会とのつながりから考える。それが社会を変革する力になる」と政治教育の重要性を語る。

主権者の育成には、生徒会などの自治的活動も欠かせない。

現在の生徒会は、教師の言われるまま動く「下請け化」した活動がほとんどだ。主権者として自分の学校やクラス、地域とどうかかわるか。千葉県の元高校教師の角谷信一さん（63歳）は「生徒会活動にしっかり取り組んでいる学校は、主権者教育の実践的学習ができている」と話す。

角谷さんの以前の勤務校では、新型インフルエンザの流行で文化祭の一般公開が中止になった。生徒の落胆は大きかった。そこで、普段は声を上げない生徒会役員が「感染者が多い学校は中止になっていない」「チケット制でも公開してほしい」と校長らに訴えた。生徒の意見を集約するためにアンケートを実施。他の生徒も署名活動を自主的に行なった。そうした行動が校長の気持ちを動かし、保護者公開が決まった。

角谷さんは「彼らが体験したのは、『自分たちが学校の主人公だ』ということ。生徒会は主権者を育てる特別活動の中心であったはずだ。この活動なしに主権者教育はありえない」と振り返る。

主権者教育が叫ばれ、政治的教養をいかに身につけるかが問われている。北海道で憲法出前授業を担当してきた田中健太郎弁護士は「社会をよくするために、市民として主体的に社会の形成にかかわる。そのためには弱者や、違う立場の人に対する想像力、共感力が求められる。たとえば、沖縄の人の思いを自分の問題としてとらえる感性がほしい。憲法を理解するには、そうした想像力と共感力が大切だ。憲法を学ぶと生き方が変わる。生き方に反映する学びが政治的教養ではないのか」と話す。主権者教育とは、すなわち憲法教育なのだ。

憲法では言論・表現・集会・結社の自由が保障されている。高校生の政治的活動も例外ではない。真の主権者をどう育てるか。

民主主義の「希望」は、そこにある。

注1　人事院規則第6項「政治目的を有する署名又は無署名の文書、図画、音盤又は形象を発行し、回覧に供し、掲示し若しくは配布し又は多数の人に対し朗読し若しくは聴取させ、あるいはこれらの用に供するために著作し又は編集すること。」

注2　下川町では三菱金属の銅鉱山の廃坑を利用し、80年度から3カ年にわたり、高レベル放射性廃棄物の地層処分に向けた基礎実験を開始。地元の労働団体をはじめとした反対運動が起き、試験は

82年に終了した。現在、北海道幌延町で高レベル放射性廃棄物の地層処分の研究開発が行なわれている。

注3　自衛隊イラク派兵差止北海道訴訟。元自民党代議士の故・箕輪登氏が自衛隊のイラク派遣は「憲法9条に違反する」として04年1月に提訴。これを機に、全国で派遣差止訴訟が起きた。札幌地裁（07年11月）は派遣差止を却下し、原告敗訴。一方、名古屋高裁では（08年4月）憲法違反との判断を示した。この違憲判決確定を生かすため、各地の訴訟と足並みをそろえ、08年12月に札幌高裁での控訴を取り下げ、訴訟は終結した。箕輪登氏は06年5月に死去。

第2章

安倍「エリート育成」改革・上
動き出す「平成の学制大改革」
小・中一貫教育に未来はあるか

戦後日本の義務教育のあり方が、大きく変わろうとしている。

安倍政権は学校教育法を改定（2015年6月）し、これまで特例でしか認めてこなかった小・中一貫教育を16年度から制度化した。

新制度では、現行の小・中学校に加えて、9年間を通して義務教育を行なう小・中一貫校を「義務教育学校」として新たな学校の種類に規定した（左ページ図参照）。学校制度を「6・3」制の枠組みにとらわれず、設置者である市区町村の判断で「4・3・2」制や「5・4」制に学年を区切れるようにする。従来の小・中学校と中・高一貫校に、義務教育学校を加えると、中学校では3種類の学校が存在することになる。義務教育の選択肢が増えることで、公教育の「複線化」が進みそうだ。

義務教育の質を上げる

新たな義務教育学校は、一人の校長のもとに一つの教師集団が組織され、教師は原則として小・中両方の教員免許が必要となる。従来の小・中学校の学習指導要領を準用するため、修業年限の9年間は前期6年と後期3年の課程に区分する。これは、現行の小・中学

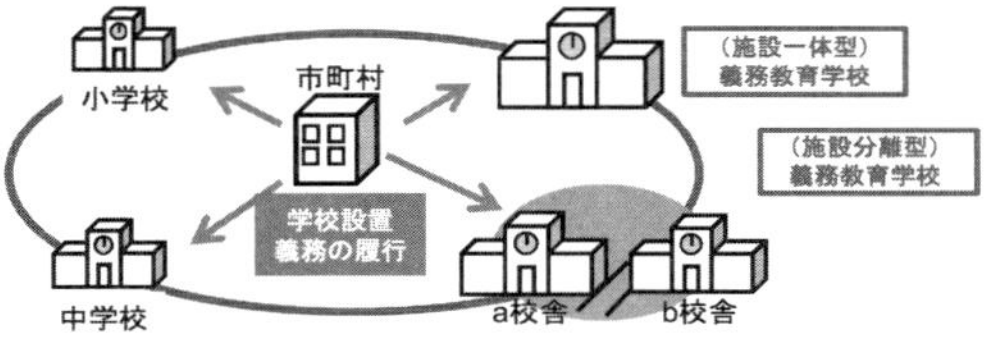

義務教育学校のイメージ（文部科学省 HP）。

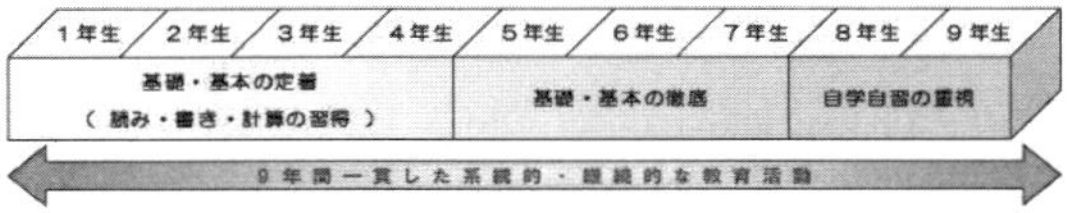

東京・品川区の小・中一貫教育（品川区教育委員会 HP）。

校や私立中学校との接続を考慮したものだ。ただし、カリキュラムの編成には柔軟性を持たせる。したがって、中学校の学習内容を小学校で教えることも可能となる。義務教育学校は16年度、13都道府県22校が開校したが、17年度は24都道府県48校に増えた。

この小・中一貫教育を全国に先駆けて推進してきたのが、東京・品川区だ。現在、小学1年生から中学3年生（9年生）までを収容する施設一体型の義務教育学校は6校ある。

品川区では、06年度から区内すべての小・中学校で一貫教育を実施してきた。教育活動を系統的・継続的に行なうためのカリキュラムを作成。義務教育9年間を「4・3・2」（上図参照）と区切り、小学5年生から習熟度学習や教科担任制を取り入れている。品川区教育委員会（指導課）は「（小学5年生からは）学級担任が1時間目から6時間目まで母親のように抱え込むのではなく、複数の先生がかかわるしくみにした。教師の力量形成を図る意味でも（教科担任制は）うまくいっている」と胸を張る。

品川区の年間の標準時数は、学習指導要領よりも小学1年生で60時間、2〜9年生までは35時間、小・中の9年間では340時間も多い。国語（漢字）は小学5年生までに小学校で学習する内容を終える。算数・数学でも独自の教材を使用して前倒し教育を行なっている。

また、小学1年生から「英語科」「市民科」などの独自教科を取り入れ、教科書や副教科書を作成している。たとえば、市民科は道徳、特別活動（学級活動）、総合的な学習の時間を統合した教科で、市民としてのあり方や生き方、社会の一員として役割を遂行できる資質・能力を育むために創設した。なかでもキャリア教育では、小学校は仮想店舗での職場体験を通して経済・社会を理解する「スチューデント・シティ」、中学校は生活コストを考えながら人生設計を学ぶ「ファイナンス・パーク」がある。

品川区が小・中一貫教育を導入した目的は、義務教育の質的向上だ。

品川区の「市民科」。職場体験を通して経済・社会を理解する「スチューデント・シティ」。

品川区の「市民科」。生活コストを考え、人生設計を学ぶ「ファイナンス・パーク」。

品川区教委によると「小学校で『九九』がマスターされていない」「中学校で非行や不登校が増える」など、小学校と中学校が互いに批判し、責任をなすりあう状況にあった。そこで小・中の垣根をなくし、義務教育を担う教師が一体となるしくみが必要と判断。国の構造改革特区制度で特区認定を受け、「品川区小中一貫教育要領」を策定した。

品川区教委は「教育サービスがよかろうが悪かろうが、子どもに力をつけさせることを明確にしないで、学習指導要領の範囲内で教えればいいという考え方では教育の質は上がらない。そこに（教育行政としての）問題意識があった。先生方の意識を変え、成果をベースにした教育制度に変えていく。それが品川区の教育改革だ」と説明する。

品川区の教育改革「プラン21」は、学校選択制の導入（２０００年）でスタートした。子どもや保護者に特色ある学校をいかにアピールできるか。「選ばれる学校」に向けての競争がはじまった。

さらに、「学校という『教育村』を丸裸にする」（品川区教委）ために、外部評価制度と学力定着度調査（区の学力テスト）を開始する。たとえば、学力テストでは「4・3・2」のそれぞれのステージで、どれだけ学力が定着したかを評価し、課題解決に向けた具体的数値目標を明確化する。学校は地域や保護者に対し、説明責任と結果責任が求められる存在になった。学校を経営体としてとらえ、規則基盤型学校経営から成果基盤型学校経営に切り替える。そのために、教師の意識改革を強力に推し進めた。だが当時、教師の心身の疲労がひどくなり、区外への異動希望者が急増。教師の間では「品（島）流し」という造語も広がった。

「プラン21」は「変わりたくとも変われない学校を変わらざるを得ない状況に追い込む」との方針に貫かれている。小・中一貫教育も、そうした教育改革の一環として導入されたのだ。

教育の市場化に翻弄

品川区の教育改革は、区民からどう評価されているのか。

品川区教委の保護者アンケート（16年度）では、9割以上が「品川区は教育に力を入れている」と回答。小・中一貫教育に期待するのは、「学力向上」「学習意欲の向上」が上位を占める。品川区教委は「区民の教育への評価は高い」と自負する。ある保護者は「品川区は新しい教育政策を積極的に取り入れている。価値観に基づいて、いろんなタイプの学校を選択できるのが、品川区の良さだ」と肯定的にとらえる。

その一方で、民間の手法を取り入れた新自由主義的改革は、保護者を「教育サービス」を選ぶ「消費者」に変質させた。たとえば、学校選択制が導入された当初、保護者のなかに「学校を選べるのに選ばないのはおかしい」という意識が生まれ、各校の情報集めに奔走するようになった。さまざまな学校に目移りし、地元の学校を敬遠する空気も広がった。そして、小規模校には子どもが集まらないなど二極化し、固定化も進んだとの声もあった。また、学校選択制は最善の選択をしたつもりでも、校長が交代すれば学校方針も変わる。「選んだのにうまく育ってくれない」「こんなはずではなかった」と後悔し、きょうだいが別々の学校に通うケースもある。保護者が教育の「市場化」に翻弄されてきた点は否めない。保護者アンケート（16年度）では学校選択制の理由で最も多いのが、「地元で通学上便利だから」（全体で55・7％）で、地元回帰の方向に進んでいる。

地域社会にも影響を与えた。品川区では１９７０年代、保育所の増設を求める住民運動が盛んだった。その運動の中心は園児の保護者たちであり、保育所の職員とともに保育の改善に取り組んできた。保育所増設の運動は、やがて学童保育の拡充に発展していく。しかし、80年代に入ると、保育所や学校給食の民営化が強行される。90年代には学童保育が廃止され、すべての子が対象の「すまいるスクール」に代わった。しだいに、現場の教職員と保護者が分断され、地域の子育てネットワークも弱体化していった。そうした経緯のなかで、教育改革「プラン21」はスタートした。

ＰＴＡ活動に携わってきた区民は「学校選択制は、公教育が保護者に自己責任を負わせる結果を生み出した。町会と子育て世代の交流もなくなり、地域の学校をよくしようという意識も薄れた。品川区の教育改革には（伸ばせる子を伸ばすという）エリート教育の一面があり、その頂点にあるのが施設一体型の義務教育学校だ。施設一体型の学校が（選択制で）選ばれているのは、詰め込み教育なかで競争に勝ち抜くことが成長につながるとされているからだ」と語る。品川区の教師は「親のなかには特別な教育をしてくれる学校として選ばれている」と明かす。

その義務教育学校は小学1年生から制服が指定されている。児童生徒数は１０００人に達する大規模校もあり、校舎も新しい。06年に最初に開校した日野学園は地下２階、地上６階建てだ。一方で、築数十年経っている施設分離型の学校では老朽化も進む。品川区教委は「単独校でも施設が新しいところもある。順次建て替えていく。不公平感はない」としている。

失われる最高学年

小・中一貫教育の課題も多い。品川区のある教師によると、義務教育学校は、大規模校のために教師間の意思疎通がしにくく、他学年で起きている問題を共有しにくいという。また、9学年の行事が並行するため、教師の長時間労働に拍車をかけている。実際に、文部科学省が14年に行なった「小中一貫教育についての実態調査の結果」（小中一貫教育を行う学校への調査）では、小・中一貫教育の課題の上位に「小中の教職員間での打ち合わせ時間の確保」（82％）、「教職員の負担感・多忙感の解消」（85％）があげられている。品川区教委は「義務教育学校には3人の副校長がいる。4・3・2のブロックのトップに副校長を配置することで情報共有している」とする。

保護者からもさまざまな意見があがる。「（成長が早いので）制服代がバカにならない」「9学年が参加する大規模な運動会で（子どもの）出番が少なくなった」「（施設一体型は）敷居が高く、気軽に（子どもの）相談ができない」「風評をおそれクレームに過敏」「（品川区の義務教育学校は）全国から注目され、視察もある。先生も失敗してはいけないと緊張している感じがする」などの声があがる。以前なら、ＰＴＡや行事の後で、教師と保護者の交流も少なくなかった。ある保護者は、「施設一体型の学校ではこうした交流会もなくなった。区が親と先生が仲よくするのを嫌っているし、警戒している。先生が困っていたら、(保護者としても)助けたい思いはある。先生方と話す場がなくなり、(先生の)本音が見えない」と語る。

さらに大きな問題は、小・中一貫教育が子どもの成長発達の実態に即しているのかという点である。

たとえば、品川区は義務教育の9年間を1～4年生(学級担任制)と、5～9年生(教科担任制)に大きく分け、それを「4・3・2」のまとまりで区切る。つまり、小学校のトップは4年生で、小学5・6年生は中学1年生と同じグループに組み込まれる。

本来、小学6年生は委員会やクラブ活動、行事などを通して、自らの役割や責任を自覚し、リーダーシップを発揮する発達段階にある。ところが、5～7年生の括りでは6年生は途中に埋もれて、従来の最高学年としての経験を積む機会を失ってしまう。

ある施設一体型の学校の運動会は、1～4年生と5～9年生に分けて行なわれた。5年生と9年生では体格も身体的技能も格段に違う。しかも、6年生は本来果たすべき役割を上級生に奪われてしまう。学芸会はなくなり、7～9年生と同じ合唱コンクールに組み入れられた。ある6年生は「運動会の組体操をやりたかった。学芸会も楽しみにしていた。6年生としての出番がなくて嫌だった」と不満をもらしている。この児童の父親は「娘は（施設分離型の学校の）友人や親せきの子が6年生として活躍する姿を見ているので達成感はなかったようだ。親子で残念な思いをした」と振り返る。

別の保護者は「最高学年（6年生）の経験をさせられないのはもったいない。だから、ウチは学校選択制で、あえて小規模校を選んだ。少人数の学校は先生と児童、児童同士の関係が濃密で、クラスの関係だけでなく、学年を跨いだ関係も築ける。そんななかで、自分が最高学年として役職を任される。当然、責任感やモチベーションが違ってくる」と話す。

保護者アンケート（16年度）でも、「4・3・2」のまとまりが「子どもの学びや発達段階に合っている」と回答したのは、義務教育学校の66・4％に比べて、分離型の小・中学校では55・1％にとどまる。

それに対し、品川区教委は「一貫校の批判のなかで一番多いのが6年生のリーダーシップであるのは承知している。だが、施設分離型の小学6年生が中学に入って赤ちゃん返りするケースもある。保護者も6・3制のなかで育ってきている。6年生はこうあるべきだというステレオタイプのイメージで見ている。義務教育学校では6歳から15歳まで9年間の発達段階に応じてリーダーシップをつくれるよう育てている。施設一体型の小学4年生は施設分離型よりリーダーシップが取れている」と反論する。

では、小学4年生は最高学年の役割を果たすのに適しているのか。

小・中一貫教育で学ぶ子どもの意識調査を行なっている、中央大学の都筑学教授（発達心理学）は「小学4年生は抽象的な思考が芽生える時期であり、発達的に小さな区切りではある。ただ、自分が何を考え、何をしたいのかを正確に把握して自分をコントロールしたり、他人にどうふるまうかまでは気が回らない。小学4年生では不十分だ」としたうえで、「小学6年生になると年齢的に次の発達段階にくる。学校のなかで一番上と位置づけられ、先生からも『最高学年だからがんばれ』と期待され、それに応えるだけの思考力や身体的能力を持っている。小学6年生と小学4年生では全然違う」と指摘する。小学校教師からも「（小学4年生は）他者との関係で自己中心的な面が残り、行事を任せるにしても教師のお膳立てがまだまだ必要だ。最高学年の役割を担うのは難しい」との意見があがっている。

「中1ギャップ」は必要

そもそも、小・中一貫教育の主たる目的は、小・中の学校環境の違いから生じる「中1ギャップ」の解消にあった。

政府の教育再生実行会議の第五次提言「今後の学制等の在り方について」(14年7月)では、「日本を支え担う人材は、戦後約70年にわたり、6―3―3―4制の学制の下で育成されてきましたが、子供と社会の状況は大きく変化しています。現在の学制が導入された当時と比べて発達の早期化が見られるほか、自己肯定感の低さ、小1プロブレム、中1ギャップなどの課題が指摘されています」として、小・中一貫教育の推進を求めている。

また、文科省の「小中一貫教育についての実態調査の結果」でも、小・中一貫教育の成果として「中学校への進学に不安を覚える児童が減少した」(90%)、「いわゆる『中1ギャップ』が緩和された」(89%)が上位を占めた。

いじめや不登校などにつながる「中1ギャップ」は、中学校の管理主義や競争的環境が大きく影響しているといわれている。しかし、「6・3制」の段差をなくせば、「中1ギャップ」は解消されるのだろうか。

むしろ、義務教育学校の7年生の場合、小学6年生の卒業式を経験せずに進級するために、気持ちの切り換えができないとの声がある。品川区の保護者のなかには「中学生というより小学生の延長線という感じ。5、6年生と一緒に廊下を走り回る（7年生の）姿がとても幼く見えた」とため息を漏らす人もいる。

品川区教委は「9年間のスパンで考えると、（4・3・2と）意図的に2段階のステップをつけることで、一定の成果は出ている。義務教育学校の上級生（9年生）は異学年交流で（施設分離型の子よりも）落ち着いている。義務教育学校のよさは上の子が下の子の面倒を見るなど大きな家族であること。学習面だけでなく、人とのつながり面でもいい。発達途中の経過で批判されても比較しにくい。卒業する15歳の段階でどう変われるかだ」との見解を示す。

戦後の義務教育は、「6・3制」のなかで、小・中それぞれの教育文化をつくりあげてきた。それは教員養成にも反映されてきた。初等教育は人格の基礎をつくり、自信や自己有能感を高める時期でもある。中学校に入ると、親の保護から離れ、同世代の人間関係から自我に目覚めていく。少年期と思春期の発達の課題は区別されてきた。

だが、小・中一貫教育は小学校を中学校の文化に染めていく方向に進む。実際に、一貫教育を導入している自治体のなかには、小学生の服装や遅刻に対する指導を中学校なみに厳しくする傾向にある。いわゆる「ゼロ・トレランス」(非寛容主義・厳罰主義)だ。これまで学校現場で培ってきた小・中の文化が失われ、発達上の課題も曖昧になる。

むしろ、小・中の接続には気持ちを切り替える心のステップも必要ではないのか。ある中学校教師は入学式の際、新入生を前に「わたしたち中学校の教師は皆さんのことをまったく知りません。ですから、今まで勉強が苦手だったとか、やんちゃをしたと思う人も、心を新たにして中学校生活をスタートしてください」と話してきたという。東京都の元中学校教師で、不登校などの教育相談を行なっている「東京総合教育センター」所長の児玉洋介氏も「小学生のときに劣等感を持っていても、今までの自分とは違う、新しい自分をつくる機会が中学1年生でもある。ギャップがあるから飛躍する。ギャップをなくしてスムーズに学年が移ればいいという問題ではない。子どもの発達にどう向き合うのかという本質的なことを除外して、小・中一貫教育が進められている」と批判する。

小・中一貫教育に関する興味深い意識調査がある。

前出の都筑学教授(中央大学)は、13年度に施設一体型に通う児童生徒と、非一貫校に通う児童生徒を対象に自己肯定感や学校適応感などをたずねるアンケート調査を行なった。

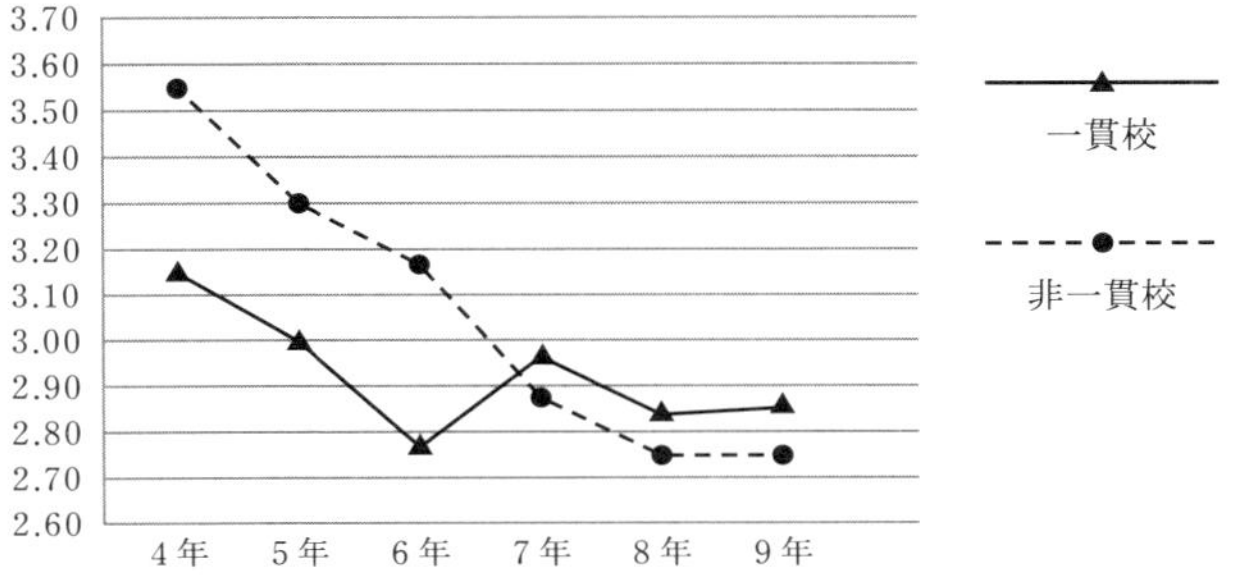

自信

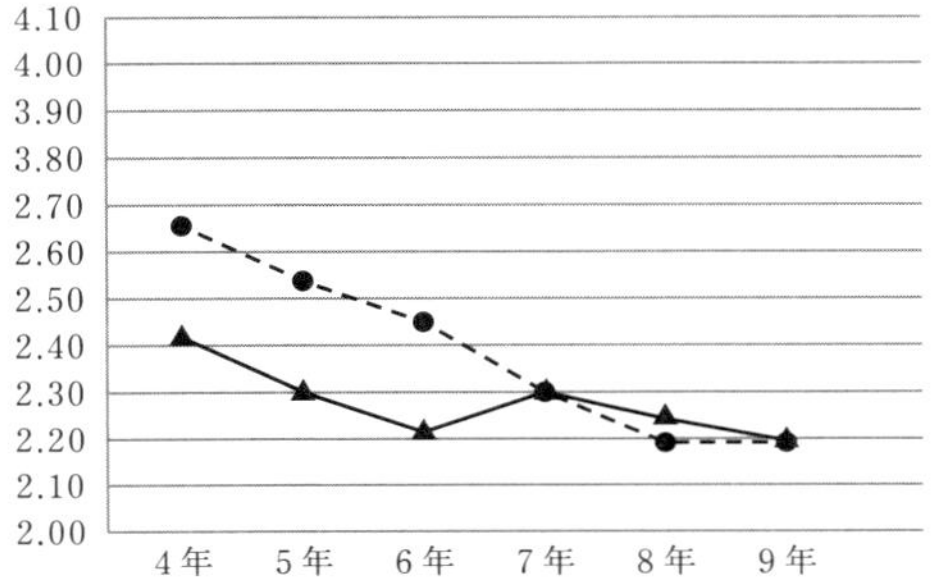

自己価値

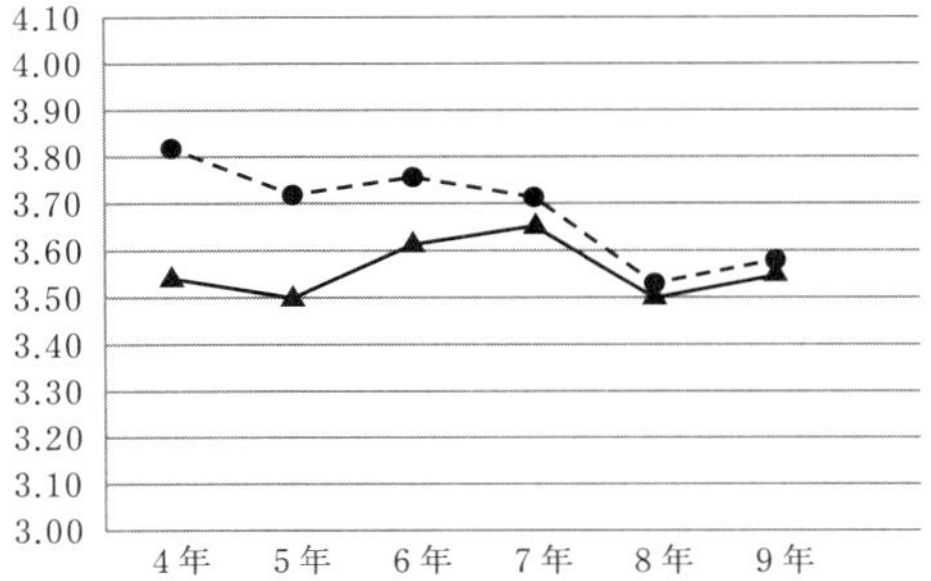

学校適応感

それによると、「自信」「自己価値」「学校適応感」のいずれの項目でも、小・中一貫校の4～6年生の得点は非一貫校と比べて低いことがわかった（注1）。これをもとに、都筑教授は次の3点の解釈を導き出す。①小・中一貫校では小学生の自分と、体力的にも能力的にも上回る上級生（中学生）を比較するので、自己評価を低く見積る傾向にある。②9学年が同じ学校にいることで児童生徒数が多く、学校も大規模化することで自分の居場所を見つけにくい。③小・中一貫校では開校後の歴史が浅いために、学校の運営システムが安定せず、より年少の子どもにマイナスの影響を及ぼしている。それらが複合的に小学生の心理に影響を与えていると分析する。

一方で、中学生は自尊心や自己肯定感が低下する。データでは一貫校の7年生の得点だけが上がるが、都筑教授は「これは『中1ギャップ』の解消とは言えない。本来なら非一貫校と同じ減少傾向を示すはず。小学4年生～小学6年生の得点が低いので上がったように見えるだけだ」とし、「中学校はいろんな面で厳しくなり、戸惑いを感じるのは普遍的な現象だ。それは自分を正確に見つめられるようになった裏返しでもある。『中1ギャップ』には困難を乗り越えて成長する意味があり、ギャップをなくすのが発達的に好ましいものかは問い直すべきだ」と問題提起する。

国民的議論がないまま制度化された小・中一貫教育。子どもの成長発達や学習環境にどんな影響が出てくるのか。その教育的効果は、現段階では未知数といえそうだ。「子どもを学制改革の実験台にしないでほしい――」。ある保護者の切なる訴えである。

エリートに財源を集中

小・中一貫教育が、教育的効果の検証のないまま制度化された目的は何か。和光大学の山本由美教授（教育行政学・教育法学）は「小・中一貫教育のねらいは、公教育の複線化、財界が求める人材育成、そして学校統廃合だ」と指摘する。公教育の複線化は、エリートと非エリートの早期選別を可能にする。安倍政権が進める「平成の学制大改革」は、従来の単線型の「6・3・3・4」制を見直すことにある。学校教育に能力主義を導入し、国際競争に勝てるグローバル人材を養成するためには、飛び級などを含め、個人の能力に応じた複線型の学校制度が必要となる。

大学改革では、国立大学を①世界トップレベルの教育研究、②全国的な教育研究、③地域ニーズに応じた人材育成など機能別に類型化することが打ち出された。類型ごとに各大学の実績を評価し、国が配分する運営交付金に反映させるしくみだ。これによって、競争原理が働き、大学の再編や統廃合が進むとみられている。

一方で、中等教育は格差化の流れが固定しつつある。たとえば、進学を重点化した公私立の中・高一貫校では6年間の教育内容を5年間で修了し、残りの1年間を大学受験に振り向ける。私立中学校受験に向けた準備は小学3年生の春休みからはじまる。学習塾に通うことが必須で、経済的に裕福でなければこのような進学コースは選択できない。

戦後の公教育は、すべての子どもに教育の機会均等を保障する制度として機能してきた。それは国民のなかにある経済的格差を解消する役割も担ってきた。しかし今後、公教育は格差を助長する方向に進みそうだ。「平成の学制大改革」は公教育にどんな影響を与えるのだろうか。

山本教授は「誰にでも平等の教育を提供する6・3・3制の機会均等原則が崩れ、国際競争に勝てる人材（グローバル・エリート）を輩出することが新しい教育の『公共性』となる。グローバル・非エリートが担う仕事は低所得サービス労働が中心となり、（労働集約型の）製造業の時代と違って余剰人材が生まれる。グローバル都市のシカゴ市（米国）では余剰人材向けにミリタリースクール、キャリアアカデミーなどの新しいタイプの学校ができた。

非エリート向けの機関は民営化されていくだろう。地方の学校は非エリートの安上がり大規模『収容』型に移行していくのではないか」と予測する。

安倍政権は「世界で一番企業が活躍しやすい国」を目指している。自民党の「日本国憲法改正草案」の前文には、「活力ある経済活動を通じて国を成長させる」とあり、あたかも経済成長が国是ともとれる位置づけになっている。すでに、特別支援学校の高等部はタックスペイヤー（納税者）を育てる職業教育に特化しつつある。特に、軽度の知的障がいの場合は働くための体力づくり、あいさつ、マナー、履歴書の書き方や面接の練習に費やされる。一人ひとりの知的興味や文化、芸術などに触れる教育的な取り組みは片隅に追いやられている。経済成長に役に立つのか、立たないのかという視点で教育政策を進めていけば、重度の障がい者はますます排除されていくだろう。16年、神奈川県相模原市の障害者施設「津久井やまゆり園」に押し入り、19人を刺殺した若者は「障がい者は生きていても意味がない」と語っていたという。教育現場で、そうした考え方を助長しかねない危険な側面があることを自覚しなければならない。

安倍教育改革とは経済成長で国を発展させるために、子どもたちを競争的教育環境に押し込み、その能力に応じて国家に貢献せよということか。教育の目的が「人格の完成」ではなく、経済大国を支える「人材の育成」という国家戦略のもとに教育政策が貫かれている。

グローバル資本が求める「人材」と「学力」を追求する教育改革のねらいとは何か。法政大学の佐貫浩名誉教授（教育政策・平和教育）は「学力競争を徹底してトップに立つ人材を育成する一方、残りは競争にさらして低賃金で一定のマニュアルが処理できればいい人材をつくる。手厚い教育は財政的なムダとして、できるだけ学校を多様化し、普通の子どもが通う学校にはカネをかけない。財源の『選択と集中』でエリート校に重点投資するシステムだ」と批判する。

統廃合で学習環境が悪化

エリートに重点投資する財源を確保するために、教育費の削減が実行される。教育費の削減策として浮上しているのが学校統廃合だ。

戦後、義務教育の適正規模は標準学級数を12～18学級とし、通学距離は小学校で４km以内、中学校で６km以内としていた。しかし、この基準は「昭和の大合併」（１９５０年代）で進んだ統廃合の結果によるもので、教育的観点から定められたものではない。

文科省は15年、学校統廃合の「手引き」を58年ぶりに改訂した。「手引き」は、子どもたちが集団のなかで「切磋琢磨すること」が重要とし、「一定の規模の児童生徒数が確保されていること」が望ましいとの考えを示した。そして、10年間で小・中学校の3000校超が統合されたものの、標準規模（12〜18学級）に満たない学校が約半数あると指摘し、小学校で6学級、中学校で3学級以下の学校は統廃合を検討するよう求めている。学校は大規模化するほど教師の数も少なくて済み、経済効率が高まる。少人数学級を切望する学校現場の声に逆行する施策だ。

さらに「手引き」では、徒歩・自転車による通学距離について、これまでの小学校で4km以内、中学校で6km以内とする基準をおおよその目安として妥当としつつも、通学時間ではスクールバスを利用して「概ね1時間以内」を目安に「（各市町村が）適否を含めた判断を行なうことが適当」とした。これによって広範囲の統廃合が進み、地方の過疎地では遠距離通学が常態化すると予想されている。

都市部も例外ではない。東京・足立区の足立小学校は、近隣の千寿第五小学校と五反野小学校が統合して13年度に開校した。千寿五小は1925年（大正14年）開校の歴史ある学校だが、校舎の老朽化と、足立区の適正規模（12〜24学級）に満たない時期が続いていために10年に統廃合の対象となった。ところが、地域開発にともなって人口が増え、統合当時には千寿五小は児童数325人（学級数13）、五反野小は児童数427人（学級数14）となり、毎年児童数も増加傾向にあった。当時の千寿五小の全保護者アンケートでも90・8％が統廃合に反対していた。

しかし、足立区は統合計画をそのまま推し進めた。新校舎は五反野小の跡地に建設されるため、改築期間中は千寿五小の狭い敷地内にプレハブ校舎を建て、両校の児童を収容した。敷地にプレハブ校舎を建てたことで校庭を四方に囲うことになり、安全面での不安が高まった。また、プレハブ校舎を建てるために、遊具を撤去するなど教育環境も悪化した。さらに、地域の防災拠点が東京拘置所（東京・葛飾区）に変更されるなどさまざまな不利益が生じた。そこで、千寿五小の保護者ら25人が同校の統廃合計画の無効と損害賠償を求めて、12年に提訴した。

だが、東京地裁は15年、学校が統合されても「社会通念上通学することが可能な範囲内に設置される」とし、地方公共団体が学校を設置・管理するのは合理的な裁量にゆだねられると判断、住民の訴えを退けた。原告側の弁護士は「統廃合をめぐる行政訴訟の壁は厚いが、行政側の事情だけでなく、子どもたちの安全面や環境面で問題はないかという視点で住民側がチェックしていくことが重要だ」と語る。学校の存在は地域社会と密接にかかわる。統廃合をめぐっては地域住民の反対運動も増えそうだ。

こうした学校統廃合について、前出の佐貫浩名誉教授（法政大学）は「小・中一貫という学校制度が学校統廃合の新たな方策として進められるだろう」と指摘する。従来の「小・小」「中・中」の横の統合に加え、「小・中」という縦の統合が加速するというのだ。すでに、「小・中」の学校統廃合をめぐっては、学習環境に深刻な影響が出ているところがある。

同じ足立区の新田学園は新田地区にあった小・中学校を統合し、施設一体型の一貫校として10年度に開校した。ところが、当時766人だった児童生徒数は、近隣に高層マンションが次々と建設されて就学人口が増加。校舎に収容しきれなくなり、足立区は13年度に第2校舎を開設した。第1校舎は5～9年生、第2校舎は1～4年生が学ぶが、児童生徒数は現在1500人を超える。

なかでも、1年生は年々増加傾向にあり、第2校舎の余裕は少ない。休み時間は中庭などの狭いスペースを4学年が交代で使用し、常にすし詰め状態だ。児童の安全上の問題に不安の声があがる。しかも、第2校舎にはグラウンドがないために、体育は第1校舎まで一般道路を使って移動する。児童の安全確保に注意を払うので、授業時間にも食い込む。

校舎が分かれているために、時間割や行事のスケジュール調整も複雑にならざるを得ない。足立区教育委員会は「就学人口が想定を超えた」と人口推計の誤りを認めているが、学習環境が改善される見込みは立っていない。

この犠牲は子どもたちに押しつけられる。学力格差とともに教育環境の格差が助長されてはならない。

教育弱者の受け皿

学校制度の複線化は、教育の機会均等よりも個人の能力を重視する教育制度だ。前述のように、小・中一貫校の義務教育学校では、中学校の学習内容を小学校で教える前倒し教育が可能となる。エリート主義や競争・能力主義教育がいっそう高まり、今まで以上に学力格差が拡大しかねない危険性を孕んでいる。

第1次安倍政権は07年、これまで抽出で実施してきた「全国学力テスト」を悉皆に切り替えた。そして、全国学力テストの都道府県別の平均正答率が公表されると、いっきに競争主義的教育が広がった。自治体のなかには全国学力テストの平均正答率の高い秋田県に教師を派遣し、授業力アップにつなげるなど学力向上に躍起だ。文科省が14年から教育委員会の判断で各学校の平均点の公表を容認したことも点数競争に拍車をかけている。

そんな競争教育の裏側で、不登校の小・中学生は12万人に達している。内閣府が15年に実施した「若者の生活に関する調査報告書」（ひきこもりの実態調査）では、ひきこもりの数は推計54万１０００人（15歳〜39歳）だ。ひきこもりのきっかけの一つが不登校でもある。国連の「子どもの権利委員会」の勧告では、日本の教育制度が極度に競争的であること、それによって子どもたちがストレスを感じ、発達上の障害にさらされていると指摘し、不登校の増加に懸念を示している。

今後ますます激しくなる競争教育のなかで、子どもたちの学習権をどう保障していくのか。そんな学び直しの場の一つが、夜間中学校だ。

夜間中学校は通常の中学校と同じ公立校だ。授業も週5日あり、公立中学教師が教壇に立つ。生徒は10代〜90代といった幅広い年齢層で、国籍もさまざまだ。一人ひとりの学力差に対応するため、少人数のクラス編成で習熟度別の授業が行なわれる。

もともと夜間中学校は、家庭の事情で学校に行けない学齢児や、戦争などで義務教育を受ける機会を失った大人が通っていた。しかし、１９８０年代に不登校の生徒が急増し、

2000年代に入ってからは就労や国際結婚で来日した外国人や、その家族が日本語習得のために多く入学するようになった。最近では子どもの貧困（貧困率13・9％）を反映して、親のDVが原因で出生届が出されていない無戸籍や、居住実態が把握できない居所不明の子どもが目立ちはじめた。

学ぶ機会がなかったことで、幸福追求権（憲法13条）、表現の自由（憲法21条）、職業選択の自由（憲法22条）、参政権（憲法15条）といった基本的人権が剝奪されてきた。実際に、「漢字が読めず、また派遣先をクビになった」「九九に自信がなく、正規職の試験が受けられない」「（字が書けずに）役所では代筆してもらう」「買い物で計算ができない」「届いた手紙が読めずに生きる価値がないと感じた」「選挙でも（候補者の）主張がわからず、ただ名前を書くだけ」との証言がそれらを物語る。元夜間中学校の教師の関本保孝さん（63歳）は「（夜間中学校の生徒は）学習権が保障されなかったゆえに、人権すら保障されなかった。夜間中学校は『社会の鏡』であり、社会的弱者のかけがえのない学びの場だ」と語る。

「学び」とは何か

文科省は15年7月、義務教育修了者が夜間中学校に再入学する要件を緩和した。画期的な方針転換である。これによって、かつて不登校を経験した人たちにも入学の門戸が開かれるようになった。

夜間中学校に入学する場合、これまでは中学校の卒業証書（義務教育修了）があると認められてこなかった。二重入学・二重卒業になるからだ。これには伏線がある。不登校の急増を受けて、文部省（当時）は92年に不登校は「どの児童生徒にも起こりうる」との見解を示し、フリースクールに通う児童生徒を「出席扱い」にするよう通知した。それ以降、たとえば1日も登校していなくても、生徒本人や保護者が希望すれば卒業証書は授与されるようになった。いわゆる形式卒業だ。だが、そうした子どもたちは高校に進学しても学力がついていかない。学び直すにも、中学校既卒者では夜間中学校に入学できなかったのだ。

そこで文科省は、実質的に義務教育を十分に受けていなければ、既卒者であっても「積極的に入学を認めることが望ましい」との方針に切り替えた。これを受けて、16年度には全国で45人の形式卒業者が夜間中学校に再入学を果たしている。

だが、門戸は開かれたものの、公立の夜間中学校は現在8都府県に31校しかない。生徒数も全国で約1800人にすぎない。したがって、公立夜間中学校がない多くの地域では、民間による自主的な学習支援に頼らざるを得ない状況が続いている。

埼玉県川口市。市内の公共施設を利用して、市民団体が主催する学び舎が毎週2回開かれている。川口自主夜間中学（金子和夫代表）だ。川口自主夜間中学は、「埼玉に夜間中学を作る会」（野川義秋代表）が1985年に開設した学校で、15年10月に30周年を迎えた。授業料は無料。生徒は約50人で外国人が目立つ。教えるスタッフは元教師やボランティアだ。

川口自主夜間中学に通うA子さん（27歳）は看護師を目指している。A子さんが通った中学校は校内暴力に荒れ、職員室には鍵がかかっていた。教師に勉強を聞きに行っても「なんでできないの?」「塾に行ってくれ」と突き放された。学校は、とても学習できる環境ではなかった。そして、A子さんは中学2年生のときに不登校となった。形式的に卒業して高校進学したものの、単位が取れずに通信制に転校した。卒業後、いったん就職したが、看護師の夢を諦めきれなかった。会社を退職し、パチンコ店で働きながら看護学校に入るための予備校に通う。川口自主夜間中学で学ぶのは、あらためて基礎学力を身につけたいからだ。少人数で自分のペースで勉強できるために、理解が自信につながっている。A子さんは「先生はわかるところから丁寧に教えてくれる。こんな先生がいるなんて（中学時代は）思ってもいなかった。何でも聞けるのがうれしい」と学ぶことの楽しさを語る。「学び」とは何かの本質的な問いがここにある。

川口自主夜間中学には、A子さんのような形式卒業者や、いじめなどが原因で義務教育をまともに受けられなかった人もいる。文科省は、公立夜間中学校を各都道府県に1校設置する目標を掲げている。給付制奨学金の創設とともに実現しなければならない重要な施策であろう。

「平成の学制大改革」は誰のための改革なのか。今必要なのは公教育の複線化や学校統廃合ではなく、子どもの成長発達と、人権としての学習権の保障であるはずだ。

注1　調査は「小・中一貫教育の総合的研究チーム」（代表・梅原利夫和光大学教授）。施設一体型の小・中学校7校の児童生徒1393人、非一貫校の小学校40校と中学校16校の児童生徒6792人が対象。グラフの縦軸は「自信」「学校適応感」を5段階で、「自己価値」は4段階でたずねて数値化した値。

第3章

安倍「エリート育成」改革・下
学校を支配する競争教育
子どもたちの悲鳴が聞こえる

夏休みが目前に迫った土曜日。

東京・足立区の施設では、中学3年生の勉強会が開かれていた。学習に先立ち、先生が「夏休みは昼まで寝ていないで、規則正しい生活をすること」「遊びに行かないで、1日10時間は勉強すること」「どうすれば点数が取れるようになるかを考えること」と高校受験に向けた心構えを叩き込んだ。生徒たちは熱心に耳を傾ける。教壇に立つ「先生」は教師ではない。学習塾の講師だ。

塾化する公教育

「足立はばたき塾」は、足立区の学力向上事業の一つで、2012年度から実施されている。成績が上位にもかかわらず、経済的理由から塾に通えない中学3年生を選抜して、学習の機会を与えるのが目的だ。定員は100人で、事前に所得審査と学力診断テストがある。保護者説明会では「部活動を優先したり、欠席や遅刻が多ければ塾を途中でやめてもらうこともある」と釘を刺される。

定期講座は数学と英語（毎週土曜日・各90分）だが、夏休みや冬休みには集中講座も組まれる。学力別に４つのクラスに分けられ、成績次第で上のクラスに編入できる。生徒は互いにライバルであり、都立の進学指導重点校などの難関校合格を目指す。

足立区から足立はばたき塾の運営を委託されているのは、学習塾などを経営する「栄光グループ」だ。年間の契約料は約２８００万円。塾では講座だけでなく、保護者には入試に関する情報なども提供する。栄光グループの担当者は「塾を初めて体験したからか、食らいつく姿勢が違う」と生徒のやる気を評価する。生徒アンケートでも「他の学校の人達と競争する事によって毎日勉強して『勝ちたい』と思うようになった」とある。

足立はばたき塾。ある生徒は「（講師は）やる気のスイッチを入れてくれた」と話す。講義を聞く姿勢は真剣そのものだ。

足立はばたき塾を利用して長男を志望校に合格させた母親は「ウチは母子家庭なので塾には通わせられないと諦めていた。はばたき塾に行かなかったら、受験の波に乗れずに取り残されていた」と話す。長男は運動部のキャプテンを務めていたが、足立はばたき塾のある日は部活動を早退して通った。母親は「授業では（講師が）受験のコツや体験談を話してくれたりして、息子は面白くわかりやすかったようだ。塾には感謝している。下の子も通わせたい」とつけ加えた。

足立区では、足立はばたき塾の他にも中学2年生の「補習講座」（夏休み期間）や、小学3・4年生を対象にした「あだち小学生基礎学習教室」を民間業者4社に委託している。

その理由について、足立区教育委員会は「専門性の高い民間業者と連携することで教員の力量を上げたい。先生方には塾のやり方も参考にしてもらいたい」と期待を込める。その典型が「ｅ‐講座」だ。進学塾大手の「早稲田アカデミー」が授業力向上を目的に開発したインターネットによる動画講座だ。受講は採用1年目から3年目までの若手教師が対象。各自にＩＤとパスワードが割り振られ、パソコン、タブレット、スマートフォンを使用して全4講座（１０７分）を視聴する。24時間視聴可能なので、通勤中や校務の合い間に短時間に効率よく学べるメリットを謳う。

講座には、指導の場面に応じて「発声」「視線」「表情」「立ち位置」「体の向き」を意識し、生徒のやる気を引き出すノウハウが紹介されている。たとえば、基本動作では「教室に入るときは生徒に顔を見せるために、必ず右足から入る」「視線で児童生徒の心をつかむために、板書時は半身の姿勢をとる」「板書は日付とタイトルを書く」「指が3本入るくらい口を開けて、大きな声で話す」などだ。

だが、受講した教師は「(視聴して)違和感を持った。小学校ではきれいにわかりやすく板書することが大切。半身の姿勢では字が汚くなる。(動画は)オーバーリアクションで、学校の実態に合っていない。(周囲からは)ベテランの先生の授業を見た方がいいとの声もある」と疑問視する。

e‐講座は研修の一環であり、受講履歴はすべて管理される。講座ごとにチェックテストを行ない、80点以上取れば合格となる。視聴後は早稲田アカデミーの担当者の前で入室から授業開始までの10分間の検定試験を行なう。合否判定は管理職に報告されるので、ある教師は「みんなビクビクしていた」と振り返る。足立区教委によると、合格者の割合は6〜7割。不合格者は管理職とＤＶＤを見返して問題点を振り返るという。

塾産業が公教育に市場を拡大する一方で、教育行政も学力向上策に本腰を入れはじめている。

学力の「選択と集中」

足立区の教育の最重要課題は、基礎学力の定着だ。

足立区の就学援助率（16年8月31日現在）は小学校で29・1％、中学校では38・4％だ。足立区教委は「経済的に困難な家庭と、学力との相関関係は明らか。このままでは学力は伸びず、行政の世話になる人が増える。貧困の連鎖を断ち切るためには基礎学力が必要だ。教育委員会としても学校の経営支援をしていきたい」と意気込む。13年度に教育次長のポストを新設（15年度まで）し、その下に学力定着を推進する専門組織をつくった。

幼児教育では、5歳児で身につける「基本的生活習慣」「他者とのかかわり」「学びのめばえ」を提示した「あだち5歳児プログラム」を策定した。小学校との接続を想定した「小学校スタートカリキュラム」で、幼児の学ぶ意欲と態度を育む。たとえば「姿勢よく座り、集中して話を聞く」「知的好奇心を高める」など具体的な指導内容を年間計画に組み入れ、区立保育園とこども園で実践している。

小・中学校では、授業の基本をマニュアル化した「足立スタンダード」を作成した。基礎学力の定着には教師集団の授業力アップが必要と判断した足立区教委が、「全国学力テスト」の平均正答率が高い秋田県に教師を派遣し、現場を実体験して取りまとめたものだ。内容は、「目当て」と「まとめ」の徹底、板書のしかた、ノート指導、授業の展開例などを細かく例示する。学校や学年、担当教師が替わっても、同じスタイルとレベルで授業を展開することで授業の質を上げ、児童生徒に安心感を持ってもらうのが目的だ。

また、教師の授業力を高めるために、元校長らを「教科指導専門員」としてすべての中学校に派遣。国語、数学、英語の授業に立ち会い、個別に指導助言を行なっている。なかでも、成績がよくない学校には重点的に配置され、授業では「目当て」と「まとめ」に必ず触れるよう足立スタンダードが徹底されるという。毎日のように指導案の作成と、授業の振り返りがあるため、長時間勤務に拍車がかかる。若手教師のなかには精神的な負担を感じる人もいる。

児童生徒に対する施策では、伸びしろのある子を対象にした「選択と集中」が目立つ。児童の学習のつまずきを早期に解消する「そだち指導員」制度はその一つだ。そだち指導員は元教師らで構成され、15年度からはすべての小学校に配置されている。担任が保護者の同意を得て、学力の中位程度の児童（3・4年生）を抽出。そだち指導員が対象の児童を別教室で個別指導する。教科は国語と算数で、期間は3カ月だ。通常の授業を抜けて指導するので、抜けた分の授業内容は担任が放課後や休み時間に埋め合わせをする。足立区教委は「（そだち指導員制度の）児童・保護者の満足度は9割以上だ」と成果を強調するが、保護者からは「選ばれる基準がはっきりしない」「成績が低い子はどうなるのか」との声がある。

数学特訓

中学校の学力向上策では、「中1夏季勉強合宿」がある（左ページ表参照）。数学（算数）のつまずきを克服するために、千葉県内の足立区の施設で4泊5日にわたって行なう。1班約90人（計2班）の生徒が参加する大規模な合宿だ。授業と個別学習は生徒と教師の1対1で、100ページに及ぶテキストをこなす。しかも、期間中は生徒だけでなく教師も含めて外出が一切禁止される。実際に、たまたまベランダで談笑していた教師が教委の職員から叱責を受けている。まさに「缶詰めにして基礎学力を積む」（足立区

中1夏季勉強合宿のスケジュール(4泊5日の中3日間)

時間	場所	活動内容	指導指示
6:30	各部屋	起床	巡回指導
7:00	レクホール	朝礼、体操	講話（教育委員会）
7:30～8:00	食堂	朝食	着席指示、諸連絡
8:30	各部屋	自習	
9:00～9:50	各教室	授業1	各指導員は個別指導にあたる
10:00～10:50	各教室	授業2	各指導員は個別指導にあたる
11:00～11:50	各教室	授業3	各指導員は個別指導にあたる
12:00～12:40	食堂	昼食	着席指示、諸連絡
12:50	各部屋、レクホール	休憩	
13:30～14:20	各教室	個別指導1	各指導員は個別指導にあたる
14:40～15:30	各教室	個別指導2	各指導員は個別指導にあたる
15:40～15:50	各部屋	レクリエーションの準備	体操着に着替え
16:00～16:30	レクホール	レクリエーション	レクリエーション
16:40～17:50	各部屋、浴室	自由時間、入浴	
18:00～18:40	食堂	夕食	着席指示、諸連絡
18:50～19:50	各部屋	自由時間	巡回指導
19:50～21:20	各部屋	自習時間	個別学習、夏季宿題も可
21:30～21:50		就寝準備	巡回指導
22:00		消灯確認	点呼、就寝巡回指導
22:30	研修室	引率者打ち合わせ	教委、校長、副校長、教員

教委）合宿だ。足立区教委（学力定着推進課）は「（合宿は）マンツーマンで普段はこれほど勉強しないだろうと思うくらい（勉強を）やる。合宿前は20点30点しか取れなかった子が、80点から90点を取るようになる。なかには１００点が取れずに悔し泣きする子もいる。自分はこれだけがんばったという達成感を体験するいい機会だと思う。がんばった成果は出ている」と話す。

ただし、勉強合宿に参加できるのは学習意欲があり、成績が伸びる可能性のある生徒だけだ。足立区教委は参加生徒の学習レベルを「小学校算数の基礎的な学習内容を理解しておらず、そのままでは中学校の数学の学習に大きな遅れが予想される生徒とし、マンツーマンの個別指導で成果が見込めること」（傍線筆者）とする。生徒の選出では、小学校学力テストの状況や、小学校担任からの聞き取り、「足立区学力定着度調査」（区の学力テスト）の結果を加味して、各校5人程度に絞り込む。合宿は保護者の同意が必要だが、「合宿に参加させたい」との要望もある。希望通りにはいかない場合も少なくなく、「保護者に断りの連絡を入れるのがつらい」と話す教師もいる。

一方、低成績や発達障害、生活指導に問題がある生徒は合宿には選出されない。足立区教委は「（そうした子には）補習で対応する」とするが、「できない子には手が回らない」

（教師）のが現状だ。勉強が苦手なある生徒（中3）は、がんばって問題を解いても「カンニングをした」と決めつけられ、「定員割れの高校にしか行けない」と放置されたままだ。母親は「（学校は）一人ひとりに丁寧な対応をしてほしい」と声を落とす。

さらに、足立区では中学校校長会の主催で「中学校サマースクール」をはじめた。この取り組みは「数学特訓」と呼ばれる。対象は、1年生で数学の基礎学力が不足している生徒。これらの生徒を「学力下位層」と位置づけて、各校10人程度選ぶ。中学1年の正負の数の四則計算を中心に、小学校算数のつまずきも指導する。数学特訓は保護者の承諾を得たうえで強制力を持たせ、夏休み期間の7日間にわたって個別指導を行なっている。

「学力テスト」対策

こうした競争主義的教育はいつごろから推し進められてきたのか。

もともと、足立区では学力向上よりも生活指導に力を入れた教育実践を行なってきた。たとえば、行事や体験学習などを通して、子どものいい面や能力を伸ばす実践だ。中学生の非行が激しかった30年前には、どの子にも出番を与えるために文化祭や運動会、合唱祭などに取り組んだ。宿泊行事も盛んで1年生の山中湖（山梨県）、2年生の那須塩原（栃木県）の体験学習があり、こうした行事が3年生の修学旅行につながっていった。こうした取り組みを積み重ねて、非行の克服に取り組んできた。

ところが、2000年代に入ると、体験学習は大幅に削減された。山中湖や那須塩原にあった区の施設は老朽化を理由に売却され、現在では「魚沼自然教室」（新潟県）だけとなった。そして、体験学習が減らされると同時に、学力向上策が次々と打ち出された。足立区は2000年を「教育改革元年」と位置づけ、学校選択制（01年）、土曜授業導入（02年）、民間人校長配置（03年）、民間塾の補習講座、夏休み5日間縮減（06年）と改革を進めた。

そんななか、第1次安倍政権（07年）が悉皆で実施した「全国学力テスト」で、教師が正答に指をさす不正行為が発覚した。東京23区のなかで「学力が低い」と評価されていたことが、現場のプレッシャーになったと容易に想像できる。平均点競争の弊害といえる。その後、足立区は足立はばたき塾のように成績が上がる見込みの生徒に集中的に税金を投入してきた。

学力テスト対策は年々強化されている。16年度は始業式が終わると区の学力テスト（4月14日）と全国学力テスト（4月19日）が相次いで実施された。新しい教科書を開く間もなく、テストの平均点を上げるために、各学校ではテストの過去問題に連日取り組んだ。特に、区の学力テストは小学2年生から中学3年生までを対象にしているために、ブロック内での学校間競争も激しくなる。さらに、7月には東京都の学力テストが実施された。勉強が苦手な子どもは、テストをやるたびに劣等感だけが植えつけられる。

全国学力テストではかれる「学力」は、ほんの一部の学力に過ぎない。にもかかわらず、管理職も、教師も、子どもたちもテストに振り回されている。現在は教育委員会の判断で各学校の平均点を公表することが可能になっている。まさに、公教育が学力競争を加熱させているのだ。

大阪市では学校選択制と連動するように、各区が「学校案内」を作成。学力と体力の調査結果だけでなく、中学校の高校進学実績が掲載されている。当然、学校間競争に拍車がかかる。商品カタログのような学校案内を見て、保護者は学校を選んでいるのだろうか。

グローバル社会を生き抜け

東京オリンピックが開催される20年度から小学校英語が本格導入される。小学5、6年生を対象に小学校英語（週2時間・年間70時間）を正式教科とし、英語活動（週1時間・年間35時間）を小学3年生から実施する。

すでに、安倍政権はグローバル人材を養成する「第2期教育振興基本計画」（13年6月閣議決定）を取りまとめ、英語力の目標を「中学校卒業段階で英検3級程度以上」と掲げてきた。さらに、「グローバル化に対応した英語教育改革実施計画」（13年12月）では、東京オリンピック・パラリンピックに向けて、英語教育を本格展開できるよう体制整備を求めている。

小学校英語をめぐっては先行自治体の取り組みがある。なかでも、04年度から英語教育に取り組んでいるのが東京・荒川区だ。

荒川区は、成田空港と日暮里駅（荒川区）を結ぶ成田新高速鉄道の開通（10年）を見据え、04年に「構造改革特別特区域」を申請。「国際都市『あらかわ』の形成特区」の認可を受けた。新高速鉄道の開通によって外国人が急増することを予想し、再開発した日暮里駅前を首都東京の玄関口として国際交流の拠点とするのがねらいだった。

この「国際都市『あらかわ』の形成特区」を受けて、教育分野では学習指導要領を超えた教育課程の編成が可能となり、04年度から教育課程特例校として区内すべての小学校で「英語科」の授業を開始した。小学生が外国人に英語で道案内ができることを目標に、小学校すべての学年で週1時間（年間35時間）の授業が組まれた。授業は、学級担任を中心にＮＥＡ（Native English-Speaking Assistant）と英語教育アドバイザーとの三者で行なわれている。独自のテキストはあるが、児童の実態に合わせて工夫した教材も使用している。

また、小学6年生では希望者を対象に、山梨県清里高原にある区の施設を利用して、「ワールドスクール」（夏休み期間4泊5日）を行なっている。参加者は毎年１００人を超える。児童1グループ7～8人に対し、授業ごとに別のＮＥＡが配置される。午前中は授業が３コマ、午後はさまざまな活動や最終日のグループ発表会の準備に充てる。荒川区教育委員会（指導室）は「（ワールドスクールは）保護者の評判もすこぶるいい。子どもたちのほぼ１００％が『来てよかった』と言っている。学校現場の教育と、実践（ワールドスクール）での教育を並行して進めることで、外国人と交流しようとする意欲が高まっている」

と成果を強調する。

一方、さいたま市では国に先駆けた英語教育として、16年度から市内すべての小・中学校に「グローバルスタディ科」を創設した。「グローバルスタディ」の名称は「グローバル社会を生き抜く力を養う」という強い教育行政の意気込みがある。目指す子ども像は「外国人と英語で積極的にコミュニケーションを図る子ども」「日本やさいたま市の伝統・文化に誇りを持ち、将来にわたり、社会に貢献する子ども」だ。

さいたま市では教育特区を利用して、「潤いの時間」を新設し、05年度から10年間にわたって英会話（小学5、6年生・年間35時間）に取り組んできた経緯がある。15年度からはグローバルスタディ科のモデル校（小・中合わせて5校）を設置。16年度から教科として教育課程に位置づけた。

グローバルスタディ科では、独自のテキストを作成（中学校は英語の教科書とデータCD教材）し、小学低学年では英語に親しむ授業、中学年は日常生活の会話、高学年は「話す」「聞く」「読む」「書く」のコミュニケーション活動、さらに中学校では英語による授業、ディベート、ディスカッションに取り組んでいる。

当初、小学校の年間の授業時数は低学年（1・2年生）10時間、中学年（3・4年生）17

時間、高学年（5・6年生）52時間だったが、17年度からは低学年17時間、中学年35時間、高学年70時間と授業時数を拡充した。また、中学校では一般の英語科の年間１４０時間（週４時間）を超える１５７時間だ。

授業体制は小学校４年生までは担任とＡＬＴ（外国語指導助手）、高学年は担任とＡＬＴ、英語の教員免許を持った非常勤講師があたる。評価は文章評価だが、小学高学年では数値評価を行なう。さいたま市教育委員会（学校教育部指導１課）は「（15年度の）小学校の研究開発校では、児童は意欲的で表現力もついている。中学生の英語のディベートも自分の考えをまとめて意見交換している。1年先行したモデル校でもこれだけの成果が見える」と期待感をにじませた。

小学校英語で格差拡大も

小学校英語教育の推進が叫ばれたのは最近のことではない。日本の海外渡航者は１９７５年に２５０万人を突破した。国際化にともない、企業が海外進出するにしたがって、経済界から英語教育の必要性が高まった。１９８０年代に入ると、中曽根康弘首相が文部省（当時）の中央教育審議会（中教審）とは別に、首相直属の臨時教育審議会（臨教審）を設置（84年）。臨教審の第2次答申（86年）では「英語教育の開始時期についても検討を進める」と明記され、90年代には全国に小学校英語の研究開発校が設置されるようになった。２０００年代には、「総合的な学習の時間」（国際理解）を利用して、英語・英会話に取り組む学校が増えた。さらに、小泉政権時には東京・荒川区をはじめとした「小学校英語教育特区」制度が開始された。そして、中教審答申でも小学校での「外国語（英語）活動」が打ち出されるようになる。

だが、小学校英語については、子どもの発達段階の科学的知見などが検証されたふしはない。英語教育に詳しい白梅学園大学・短期大学の瀧口優教授（英語教育学）は「そもそもなぜ英語だけをやるのか。将来、すべての子どもたちが英語を使うわけではない。せめて、半分はアジアの言語を学ぶべきではないか。特に、小学3年生までは年間1万語もの語彙《ごい》を覚える。したがって、母語の獲得を最優先にすべきだ。母語を豊かにしないで外国語をやってもあいさつ会話程度で終わり、いつか忘れてしまう」と指摘する。

また、小学校英語の指導方法は自治体や学校現場に丸投げされているのが現状だ。英語の教員免許を持たない小学校教師が授業することへの不安もある。実際に、ある保護者からは「(小学1年生で)ひらがなを覚えるのに必死の状態。英語授業があった夜は変な発音の単語をしゃべっている。これでいいのでしょうか」と不安の声もある。財政的な面でも、ALTの配置は自治体によってバラつきがあり、英語授業の質・量的な格差が生じている。瀧口教授は「きちんと語学をやるなら、小学校中学年(3・4年生)まではさまざまな言語に触れて、高学年からはやってみたい言語に取り組んだ方がいい。そして、40人学級を15人にすべきだ。15人クラスで、それを教える教師がいれば効果を発揮する可能性はある」と環境整備の必要性を訴える。

小学校英語の具体的な検証も必要だ。たとえば、荒川区では09年、小学6年生全員(区が英語教育を開始した当時の1年生)を対象に「英語教育に関する質問」として英語力調査と意識調査を行なった。英語力調査は全問題17点満点で平均点が16・4点。到達度は96・7%と高い数値だった。意識調査では「英語であいさつできる」「アルファベットや単語を書き写すことができる」「自分の名前をローマ字でかける」などの項目では「そう思う」「だいたいそう思う」が93~94%と高く、「英語を使って色々な人たちと話をしたり、友達になったりしたいと思う」が78・7%を占めた。

一方で、「買い物のときなどに使う表現を聞いて意味が分かる」は53%、「英語の学習を通して外国の文化や生活をもっと知りたいと思うようになった」は65・8％、「英語の学習を通して自分の国の文化や生活をもっと知りたいと思うようになった」は60・5％にとどまった。

この調査結果について、荒川区教委（指導室）は「7割以上の児童が英語の学習を楽しいと感じ、外国人とコミュニケーションを取ろうとする意欲がある。英語を使う楽しさを実感させるよう指導の充実を図る必要がある」との認識を示す。

ただ、小学校英語の導入にあたっては別の懸念材料もある。ある小学校教師は「（英語は）親の経済格差が反映する」と指摘する。経済力のある家庭の子どもは海外旅行の経験だけでなく、塾や家庭教師をつけることができる。英語教育を導入した自治体では、英語塾が相次いで参入している。塾に通って英語を学んでいる子と、そうでない子の差は大きいというのが現場の教師の感想だ。小学校低学年では英語の歌やゲームを通して楽しく英語活動ができても、学年が進むにしたがって英語嫌いの子が増える傾向にあるという。英語がわからない子にとって、授業は苦痛でしかない。実際に、英語授業をめぐって、学級崩壊が起きているケースもある。

瀧口教授は「このままだと英語によって（子どもに）序列がつき、差別教科になりかねない。小学校の段階から英語がわからない子は、その時点で振り落とされる。公教育の差別化に英語が使われる」と警鐘を鳴らす。

これまでの中学・高校の受験英語は差別選別の道具として機能してきた。小学校英語を拙速に進めればさまざまな弊害が露呈しかねない。

「鉄は熱いうちに打て!」

16年度から制度化された小・中一貫教育は、学力偏重の流れをいっそう加速させそうだ。小・中一貫教育の導入で、従来の「6・3」制は市区町村の判断で「4・3・2」制や「5・4」制に学年を区切れるようになった。義務教育の「複線化」だ。新たに設置された一貫教育の「義務教育学校」では、修業年限9年間のカリキュラムに柔軟性を持たせ、中学校の学習内容を小学校で教えることも可能となる。文部科学省が行なった「小中一貫教育等についての実態調査」(14年5月)の市区町村調査によると、小・中一貫教育を実施している自治体の95%が「学習指導上の成果を上げる」と回答している。

全国に先駆けて小・中一貫教育を導入した東京・品川区には、義務教育学校が6校ある。

品川区の年間標準時数は、国の基準よりも小学1年で60時間、2〜9年で35時間、小・中の9年間で340時間も多い。また、一部の教科では教育内容の前倒しを行なってきた。たとえば、国語は独自教材の「漢字ステージ」を使用し、小学3年生で学習する漢字を学習指導要領（200字）より多い285字に設定。一年前倒しして、小学5年生までに小学校で学習する漢字を終える。算数でも、小学6年生の段階で正負の数（中1）を学ぶ。9年間というスパンでカリキュラムを編成しているため、学年を超えた指導が可能となった。

品川区教育委員会は「『鉄は熱いうちに打て』だ。小学4年生までは漢字など徹底的に反復練習をやる。小学5年生からは能力差に応じた学習で、しっかりと学力を身につけさせる。落ちこぼれを出さない。できる子はもっと伸ばすという品川区独自の取り組みだ」とする。学力の複線化ともいえそうだ。当然、学力競争も激しくなる。品川区では学力テストの結果に一喜一憂し、校長のなかには「(平均点で）隣の学校に負けた」と口走り、教師に学力を上げるための数値目標を出すよう指導する学校もある。

小・中一貫教育の制度化は、安倍政権が進める「平成の学制大改革」の柱だ。平成の学制大改革の本質は、大学から初等教育に至るまで学校制度を複線化し、能力主義を徹底することにある。初等教育の複線化はエリートの早期選別であり、公教育のあり方も問われている。

政府の教育再生実行会議は、第九次提言（「全ての子供たちの能力を伸ばし可能性を開花させる教育へ」・16年5月）を「1億総活躍社会」実現の基盤と位置づけた。提言は発達障害や不登校、学力や経済的困難を抱える子どもの支援を謳っている。「長所や強みを生かすという視点に立った教育」を充実させるために、たとえば発達障害の場合、乳幼児から高校段階を通して個別の支援情報をまとめた「個別カルテ」（仮称）を作成し、進学、進級、就労に活用する。発達過程の情報が個別カルテに集約されることで、支援という名の管理強化につながらないか。一人ひとりの学習権や成長発達が阻害されるおそれがある。

また、習熟度別指導など「個に応じた教育」を進めて、学力の底上げをはかる取り組みが示される一方で、「特に優れた能力やリーダーシップなどの資質を、公教育の場で最大限に伸ばせるようにすることが重要です」とし、大学への飛び入学を推進する必要性も打ち出している。1億総活躍社会の実現とは子どもたちを競争的環境にさらし、それぞれの能力を生かして国の発展に貢献せよということか。さしずめ教育版「国家総動員体制」といえる。

安倍教育改革には、国際競争に勝てるグローバル人材の育成に重点投資する姿勢が色濃く反映されている。能力主義の教育がさまざまな歪みを生み出している現実をまったく直視していない。学力競争で淘汰される子どもたちの居場所はどこにあるのだろうか。

自己肯定感が持てない

公教育への学習塾の参入、自治体の学力テスト対策、小学校英語、小・中一貫の前倒し教育。こうした競争主義・能力主義的教育の歪みは、確実に顕在化しつつある。

東京・品川区の学習塾の代表は「(学校は)学ぶ内容のおもしろさや膨らみを追求しないで、とにかく知識だけを詰めこみ、上位の高校に入ればいいという目先の成果にとらわれている」と批判する。

このように「塾化した学校」に違和感を持つ塾関係者は少なくない。この学習塾の卒業文集には、「授業のペースが早くて理解できない」「なぜ勉強ができないのか何回も言われて嫌になった」「テストの点数でからかわれた」「何のために勉強するのかわからない」「(クラスメートから)『バカだからかわいそうだね』と言われてつらかった」「自分はバカだと感じている」「テストで間違えて『お前こんなのもできないの?・うける～』と言われた」「(授業は)つまらない」「みんなに追いつけない」「頼りにしていた先生も助けてくれない」といった競争的な学校教育に対する心の叫びが綴られている。

ある元PTA会長は「品川の子は勉強ができないと小学生でも将来に見切りをつけてしまう傾向がある。選別する学校教育の影響があるのではないか」と語る。学校が競争的環境になるほど、周囲に本音を話せずに「学校に居場所がない」と訴える子どもが増えている。ある児童は「学校でたまる不安とストレス、疲労、これらが限界に達して休む時間に飢えていた。親に『学校に行きたくない』と何回も言ったが、返ってくる答えは『行きなさい』だった。そして、イヤイヤ学校に行っていた。そんな状態で勉強が頭に入るわけがない。勉強でどんどん差をつけられて親に怒られた」と告白している。こうした学校での不安やストレスが、「バカ」「キモい」「死ぬ」「ウザい」といった言葉に現れ、いじめにもつながっている。

東京都の元中学校教師で、教育相談を行なっている「東京総合教育センター」所長の児玉洋介氏は「今の学校は学力向上の一色に染まっている。『学力テスト』は序列化を生み、子どもに欠点だけを突きつける。この『学テ』体制が、学校、クラス、子ども集団を歪めてきた。自己肯定感が持てなくなり、それが不登校にもつながっている」と子どもへの悪影響を懸念する。

「死にたい……」不登校の叫び

不登校の小・中学生は全国で12万人台と高止まりしたままだ。それを裏づけるように、国連の子どもの権利委員会の勧告でも、不登校の背景には「極度に競争的な教育制度」にあると指摘している。

高校3年生（18歳）のA君は、通信制の高校に通っている。A君が登校を渋るようになったのは小学3年生のときだ。A君は特定不能広汎性発達障害で、計算や書くことに対する学習障害があった。算数の宿題プリントが増え、苦痛を感じるようになる。小学4年生のとき、問題をスラスラ解ける級友の姿を見て「自分はバカだ」と口にした。障がいのことは担任にも伝えていたが、宿題をやってこないと黒板に名前を書かれるなど配慮はなかった。それが、しだいにいじめの対象になった。

あるとき、ノートの切れ端に「僕はこのクラスにいてもいいの?・」「死ぬ」と記してあるのを母親が見つけた。命をかけてまで学校に行く必要はない。母親は不登校を決断した。その後、小学6年生から中学卒業まで特別支援教室に通った。障がいに合わせて勉強ができるようになり、少しずつ自信を取り戻していった。A君が通信制高校を選んだのは自分のペースで単位が取得できるからだ。

母親は「学校の枠に当てはまらない子は置いていかれる。計算や漢字を無理に頑張らせたのは、そうしないと社会から取り残されている感じがしたから。それが（息子の）重荷になった。学校は、異質なものを排除する空気がある」と振り返る。A君の将来の夢は、不登校経験者や障がい者がそれぞれ尊重し合って働けるような会社をつくることだ。A君は「そう思うようになったのは自分の（不登校の）経験があったからだ」と語る。

高校1年生（15歳）のB君は、小学4年生のときに友だちから無視されたり、ズボンを脱がされるなどのいじめを受け、小学5年生から学校に行けなくなった。その後は、フリースクールに通ったり、学校に戻ったりする生活を繰り返した。そして、そのころから精神的にも不安定になった。昼夜逆転の生活に陥り、夜中に暴れて家の壁は穴だらけになった。部屋のなかには「死にたい」と記した紙きれが落ちていた。母親は何度も学校に足を運び、担任に相談したがいつも立ち話でとりつくしまもなかった。スクールカウンセラーは話を聞いてくれたが、担任の指導に反映されることはなかった。給食を止めてもらうよう学校に要望したとき、「急に学校に来ても給食はないので、弁当を持ってきてください」と事務的に言われた。「クラスのみんなで給食を分けよう」「先生の分を半分あげるよ」という思いやりがないことに悲しさが募った。

卒業式に出席する際、事前に予行練習に出るよう担任から執拗に求められた。しかし、B君は卒業式だけに出席した。式は厳粛につつがなく進行して終わった。このとき、母親は担任が予行練習にこだわった理由がわかった。母親は「学校は『こうあるべき』『こうしなければならない』といったことが多すぎる。一人ひとりの子どもを大切に思っていない」と話す。

B君は、中学生になっても学校には行けなかった。フリースクールが設立した中学校に通うようになるが、「不登校になる者は負けだ」と自己否定に苦しんだ。中学を卒業して、公立高校の定時制に進学した。だが、そこは生徒指導の厳しい「ゼロ・トレランス」(非寛容主義・厳罰主義)が徹底した高校だった。生徒の3分の1ぐらいが髪を染め、ピアスをしていた。そんな生徒を見て、教師が「あんな者はすぐに(学校を)辞めていく」と口走った。教師が生徒を信頼していない。B君は教師の言葉に失望し、以来学校に行っていない。母親は「不登校問題という言葉に違和感を覚える。『問題』というなら、それは『学校の問題』だ。子どもたちは何を拒否しているのか。なぜ登校を拒否せざるを得ないのか。大人は自分の問題として向き合う必要がある」と訴える。

学校が塾化し、授業時数は増え、学力テストに翻弄される。子どもたちは点数競争の波にもまれ、グローバル人材育成のもとで小学校から英語を身につけるカリキュラムに組み込まれる。こうした教育が安倍政権の目指す1億総活躍社会の本質だ。

学校に行きたくない——。

子どもたちの叫びが届かない公教育に、未来はあるのだろうか。

第4章　現代版「臣民」の育成

道徳の教科化は「修身」の復活か

「これから徳育科の授業を始めます。よろしくお願いします」

小学5年生の元気な声が響く。この日の授業のテーマは「公共の場での心配り・公徳心」だ。教師が「旅行帰りの優先席」という物語を配布する。

主人公は、小学5年生のかけるくん。夏休みに家族と2泊3日の旅行をした。最終日は一日中アスレチックで遊び、今ようやく近くの駅まで帰ってきたところだ。かけるくんの家はここからバスで40分かかる。両親は夕飯の買い物をするため、かけるくんは一足先に帰ることになった。バスに乗ったかけるくんは、遊び疲れたので優先席ではない席に座った。隣の優先席には男の子（小1）と、おばあさんが座っている。二つ目のバス停では、数人が乗ってきた。ふと顔を上げると、かけるくんの近くにはおじいさんが立っていた。「あっ、お年寄りの方だ。どうしよう。席を譲ろうかな。でも、家までまだ30分以上あるなぁ……」。優先席の男の子とおばあさんは座ったままだ。かけるくんはどうすべきか迷ってしまう——。

公共の場で遭遇する問題場面で、自分はどう行動すべきか。多様な解決策から、より高い道徳的判断を求めるのが授業のねらいだ。

道徳科のモデル

武蔵村山市立第八小学校（東京都）は、文部科学省の研究開発学校（２０１４年度～17年度）に指定され、新教科「徳育科」を設置している。研究開発学校では学習指導要領の枠にしばられずに教科研究が可能だ。

徳育科は、社会で生きるうえで必要な礼儀やマナー、規範意識を身につける目的で、道徳の時間（年間30時間）(注1)に「礼法の時間」（年間15時間）を新たに加えた教科だ。「礼法」とは「日本の文化や習慣の中で長きにわたり定着してきた礼儀作法」「公共心・公徳心を大切にし、主体的に社会に働き掛けていけるようにする内容」を重点化したものだ。礼法10項目（別掲参照）を単元化し、年間指導計画に位置づけている。

徳育科の特徴は「何を知っているか」から「何ができるか」という実践に結びつく資質・能力の育成がねらいだ。低学年なら「自分のことは自分でする（自律）」といった目指す児童像を設定し、授業のねらいを踏まえて問題解決的学習、体験活動、言語活動（討論）などの指導方法を取り入れる。礼法の時間の評価は、授業中の学習状況を「関心・意欲・態度」「思考・判断・表現」「知識・理解・技能」の３観点で評価し、ワークシートや発言

礼法 10 項目

1　気持ちの良い挨拶と基本姿勢
2　心と身なりと物を整える態度
3　先人の生き方に学ぶ姿勢
4　時と場や目的に応じた言葉遣いや態度
5　いじめを絶対に許さない態度
6　温かい人間関係をつくる姿勢
7　規則の尊重と公共の場の使い方
8　公共の場での心配り
9　よりよい家庭生活をつくる態度
10 よりよい学校生活をつくる態度

武蔵村山市の「徳育科」の授業風景。

から通知表の記述欄に文章表記する。16年度からは徳育科を通知表のなかに設けて、授業における子どもの様子を具体的に記述する評価方法をとっている。武蔵村山市教育委員会（教育指導課）は「3観点に基づき授業を実践して、子どもの道徳性を見取り、評価に結びつけたのはこれからの道徳教育の布石になった」と自負する。

徳育科の設置の背景について、市教委は社会全体のモラルの低下と、家庭や地域の教育機能の低下などをあげる。たとえば、「個人の利益を優先するあまり、他人に責任転嫁する傾向がある」「基本的な生活習慣ができていない」「自制心や規範意識を醸成する場面が不足している」「学習支援に携わる地域の人たちに対して挨拶や礼がない」などだ。市教委は「保護者から他者とコミュニケーションが取れる子どもになってほしい。公共での言動・振る舞い、しつけ・マナーを身につけさせてほしいという願いがあった」と説明する。

第八小学校では16年2月、研究開発の中間発表として、全23学級で徳育科の授業を公開した。どのクラスも規律がいい。授業の開始は姿勢を正して挨拶する。教師の発問にも積極的に発言する。なかでも、傘かしげなどの「江戸しぐさ」（注2）や、ゴミ捨て禁止場所にゴミ投棄する場面をロールプレイする体験活動では、さまざまな声が飛び交い、子どもたちは一様に楽しげに見える。こうした「江戸しぐさ」の礼儀作法や、公共のルールの学びを通して、「何ができるか」の実践につなげる。

研究開発の成果はどうか。6年生を対象にしたアンケートでは、「礼儀」「いじめを許さない」「感謝の気持ち」「公共のルール」「責任感」「生命尊重」の項目で「できる」「だいたいできる」の割合が高いことがわかった。教員のアンケートでは「礼儀」「いじめを許さない」「責任感」「生命尊重」の項目で9割以上が肯定的評価をする一方、保護者アンケートでは「いじめを許さない」「公共のマナー」が高い評価を示した。さらに、中間発表では児童が積極的に挨拶をするようになり、地域の見守りの人に感謝の手紙を送ったなどの成果も報告された。

徳育科の指導に関わってきた武蔵野大学の貝塚茂樹教授（日本教育史・道徳教育論）は「（中間発表を見て）道徳教育には相当な可能性があると思った。2年前は挨拶もできていない状況だったのに、（児童の様子が）全然違う。それから先生の取り組み、特に（徳育科の）板書がすばらしい。子どもが変容するためには教師も変容することが重要だ」と述べたうえで、『徳育科』の試みは（道徳教育の）先駆的な役割をはたしていく」と期待感をにじませた。貝塚氏は文科省の「道徳教育の充実に関する懇談会」の委員でもある。つまり、徳育科は国が進める道徳科のモデルなのだ。

今後の課題について市教委は「一つは礼法の10項目と、道徳科の内容項目（たとえば自主・自立、思いやりなど）との関連性をもっと明確にし、系統的に整理する必要がある。二つ目は徳育科全体の指導方法に関することだ。問題解決的学習は（次期）学習指導要領のねらいにある。持っている知識をどう実社会で生かすか。道徳的習慣を身につける授業をするには問題解決的な学習が大きい。三つ目は子どもが授業のねらいを理解したか達成したかをしっかり評価する必要がある」とする。

次期学習指導要領は20年度以降から、小学校をはじめとして順次実施されるが、その特徴は能動的に課題を発見し、解決に向けて主体的・協働的に学ぶ「アクティブ・ラーニング」だ。これまでの「読む道徳」ではなく「考える道徳」に転換する。問題解決的学習、体験学習などはその一例であり、武蔵村山市の徳育科の実践と合致する。

道徳教育は今後どうなっていくのか。

道徳の検定教科書

文科省は小・中学校の道徳を教科に格上げし、「特別の教科　道徳」を新設した。授業時数は年間35時間（週1コマ）。教科化に合わせて、検定教科書が小学校は18年度、中学校では19年度から導入される。

道徳の教科化のねらいは何か。道徳教育に詳しい藤田昌士氏（教育研究者・元立教大学教授）は「ねらいは三つある。一つは、教科化によって実施の強制力を強めること。次に、検定教科書の使用で授業の内容と方法を規制すること。さらに、『特別の教科　道徳』を要として、学校の教育活動全体で道徳教育化を推し進めることだ」と指摘し、「これらのねらいを重ね合わせて『愛国心』を注入しようとしている」と語る。

まず、道徳の教科化によって、文科省の選んだ価値（徳目）が検定教科書に直接反映されるようになる。学習指導要領に示されている内容は4つの視点であり、それぞれに内容項目が設定されている（別掲参照）。その内容項目は「修身」（戦前戦中の道徳にあたる教科）の徳目と多くの点で一致しているのが特徴だ。

検定に合格した小学校道徳教科書は8社66冊（別冊を含む）。この検定教科書のひな型となったのが、小・中学校で使用されている「私たちの道徳」だ。この教材の特徴は、たとえば「節度ある生活」「目標を目指しやり抜く強い意志」など自らを律する態度や、たゆまぬ努力を求めている点だ。また、「家族愛」や、「法やきまりを守る」「勤労や奉仕で

道徳の内容項目

A　主として自分自身に関すること

自律、正直・誠実、節度・節制、希望と勇気、努力と強い意志など

関連する修身徳目→自立・自営、誠実、倹約、勇気、勤勉・忍耐

B　主として人との関わりに関すること

親切・思いやり、感謝、礼儀、友情、相互理解・寛容など

関連する修身徳目→慈善、謝恩、礼儀・礼節、朋友、度量

C　主として集団や社会との関わりに関すること

規則の尊重、社会正義、勤労・公共の精神、家族愛、よりよい学校生活、国を愛する態度、国際理解など

関連する修身徳目→規律、徳行、勤労・勤勉、公益、孝行、勉学、忠義

D　主として生命や自然、崇高なものとの関わりに関すること

生命の尊さ、自然愛護、感動・畏敬の念、よりよく生きる喜び

関連する修身徳目→祖先

社会に貢献」といった規範意識も強調されている。ただし、法律とルール、勤労（権利・義務）とボランティアが恣意的に混同されている。

今回の検定教科書では「私たちの道徳」と、民間の副教材に掲載されてきた作品が多く取り上げられた。各教科書会社が検定の不合格を恐れて自主規制したため、どの教科書も似たり寄ったりの内容となった。ただ、そのなかでも教育出版の教科書については、「子どもと教科書全国ネット21」（以下、全国ネット21）が「他社と異なる異様な内容が含まれている」と指摘している。その内容とは①2年生で扱っている「国旗・国歌」が他社と比べても異常に大きく取り上げている。「君が代」の歌詞の説明が「日本の平和が長く続くようにとの願いだ」と虚偽の説明をしている。②5年生の教材「下町ボブスレー」で安倍首相の写真を、元ラグビー選手を扱った「一人はみんなのために…」で東大阪市の野田市長の写真を載せている。どちらも掲載の必然性のない写真であり、このような形での現役政治家の教科書掲載は検定基準に違反し、教育の政治的中立を侵している。③経済界での成功者を多く掲載しているのは、検定基準で特定企業名の掲載は禁止されてきたことと矛盾する。④戦前の修身と同じような「しつけ」「礼儀」の教材が多く取り上げられているなどだ。また、教育出版の監修者には前出の貝塚茂樹氏（武蔵野大学教授）とともに、執筆者には武蔵村山市立第八小学校（東京都）の校長や教諭が名を連ねている。さしずめ、国が勧める道徳教科書のモデルともいえそうだ。

一方で、今回の検定教科書では人権・平和・民主主義といった憲法の理念は不十分であり、格差や貧困といった社会的矛盾を解決するような視点は欠落している。

国語などの一般教科の内容は、これまでの学問的な証拠や検証、学会の論争などを通した科学的な土台がある。当然、教科書の検定意見も科学としての学問の到達点を無視できない。しかし、道徳は科学的な学問の水準が曖昧だとの指摘もある。したがって、国家の価値観や、恣意的な解釈が教科書検定に入り込む余地が生じる。たとえば、「親孝行」を否定する人は少ないだろうが、では「何が親孝行か」と問われればさまざまな価値観が存在する。ところが、内容項目と検定教科書がセットになることで、国が教科書を介して教え込みたい価値(徳目)が押しつけられる危険性もある。今回の小学校道徳教科書(1年生)すべてに掲載された「かぼちゃのつる」（節度・節制）では、擬人化されたかぼちゃが道路を越えて隣の畑にまでつるを伸ばすが、トラックに轢かれてつるが切れ、かぼちゃが涙する物語だ。この設問では、つるを伸ばしたのはかぼちゃの「わがまま」とされ、わがままを言わない生活の大切さを考えさせる内容になっている。「読む道徳」から「考える道徳」

への転換を謳いながら、ひとつの方向に誘導する意図が垣間見える。

教科書は副教材と違い、使用義務があり、子どもに与える影響は大きい。道徳の教科書で想起させるのは1924年（大正13年）に起きた川井訓導事件である。長野県の松本女子師範付属小学校の訓導（小学校教員の旧称）川井清一郎が、修身の授業で国定教科書を使用しなかったために退職に追い込まれた事件だ。国家の価値観を植えつけるために、教科書のしばりが強まれば、こうした処分も現実味を帯びてくる。

全国ネット21の俵義文事務局長は「（検定教科書では）ネガティブなことはいっさい扱わない。明るく、仲よく、楽しく、がんばる、くじけない、努力するといった前向きなことだけが強調されている。（小学1年生では）学校は楽しいところからはじまる。学校に対する受け取り方は一人ひとり違うのに『楽しくなければだめだ』と植えつける。これでは学校に行けない子はますます行けなくなる。苦しいこと、悲しいこと、心の葛藤を通じて人間らしさが生まれてくるのに、それを学べる道徳ではない」と批判する。

愛国心も評価の対象に

さらに、道徳教育は「学校の教育活動全体を通じて行う」とされ、すべての教科や特別活動などに道徳的内容が組み込まれる。道徳教育推進教師が各校に配置され、各教科との関連を示した道徳教育の全体計画が作成される。前出の藤田昌士氏は敗戦時に国民学校6年生だった。藤田氏は「戦前の教育でも修身だけでは天皇崇拝は定着しなかった。修身を補完するかたちで、国史や国語、音楽などのあらゆる教科で忠君愛国が叩き込まれた。戦前の修身教育体制が再現されつつある」と危機感を募らせる。

修身を支えたのは教科だけではない。紀元節（神武天皇の即位日）や天長節（天皇誕生日）では天皇・皇后の写真（御真影）に向けて最敬礼をし、「教育勅語」が奉読された。こうした学校儀式も忠君愛国の植えつけに大きな役割を果たした。教育勅語の理念は「一旦緩急アレバ義勇公ニ奉シ以テ天壌無窮ノ皇運ヲ扶翼スヘシ」に収斂される。これは「もし、国に緊急の事態が起きたら、勇気を持って一身をささげ、公のために奉仕し、永遠に続く皇位の運命を助けるのが臣民の務めである」といった意味だ。この精神を具現化したのが、筆頭教科の修身だった。その結果、侵略戦争と植民地支配につき進み、多くの若者

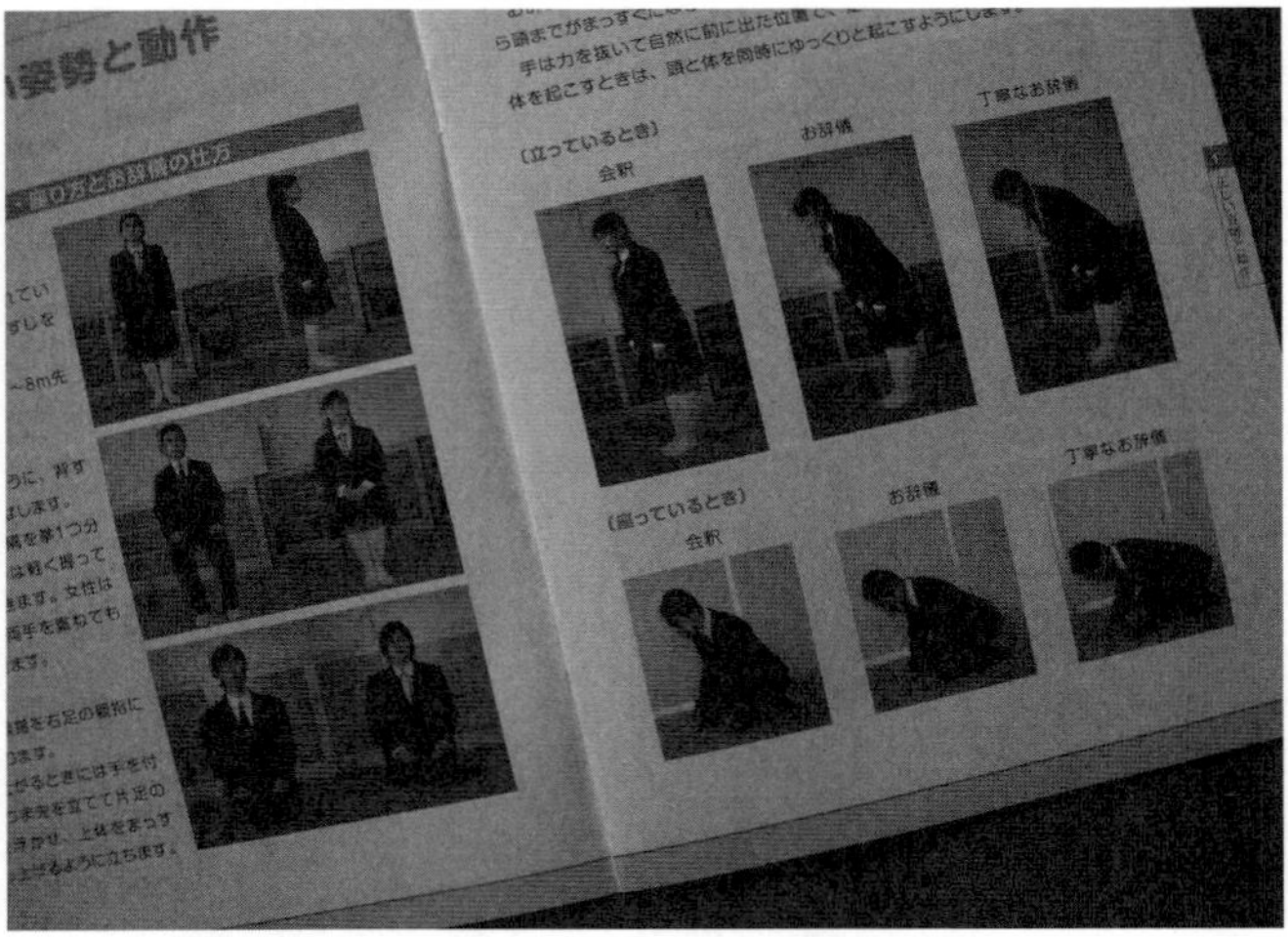

武蔵村山市が作成した「礼儀・作法読本」。中学生向けの読本には、「国旗の掲揚、降納時は国歌の演奏とともに起立することが国際儀礼です」と書かれている。

国民学校国定教科書・ヨイコドモ。
左は、天皇皇后両陛下の写真に向かってお辞儀する「サイケイレイ」（2年生）。

が戦場で尊い命を落とした。

戦後、教育勅語は日本国憲法や教育基本法の制定を受け、国会で排除・失効した。にもかかわらず、亡霊のごとく姿を現わしはじめた。安倍首相の妻が講演を行なっていた森友学園の塚本幼稚園（大阪市）では、園児に教育勅語を暗唱させていた。さらに、安倍政権は「憲法や教育基本法に反しない形で勅語を教材として用いることまでは否定されることではない」とした政府答弁書を閣議決定した。そもそも教育勅語は、憲法と教育基本法に反しているから国会で排除・失効したわけで、閣議決定は大きな矛盾をかかえている。

修身の復活が危惧されるなかで、子どもの道徳性が「評価」の対象となることも見逃せない。道徳性は人格や価値観など内面と深く結びついている。評価は数値ではなく記述式となるが、子どもの道徳性を評価することに抵抗を感じる教師は少なくない。ある教師は「子どもは場面ごとにさまざまな行動や態度を示す。ワークシートなどから評価しても、子どもは敏感なので先生がどういう答えを求めているのかはわかる。特に、道徳の場合はそうだ。それでいいのか。結局、形（行動・態度）が評価の対象になれば、戦前の修身のようになる」と疑問視する。

たとえば、卒・入学式での「日の丸・君が代」に対する態度（「日の丸」に向かって起立し「君が代」を斉唱）が問われた場合はどうなるのか。北海道では教育行政が『君が代』はイヤ」と発言した児童の担任教師を呼びつけ、「お前が（『君が代』を）嫌いになるように指導した」と叱責するなど、子どもに対する歌唱指導が強化されている。国旗・国歌への帰属意識を体得することが、「国を愛する態度」という価値（徳目）に結びつき、それが評価の対象になるとしたら非常に危険だ。

新教育基本法（第1次安倍内閣）は、教育の目標に「我が国と郷土を愛する態度を養う」と明文化した。藤田昌士氏によると、国が求める愛国心は①自衛のための自発的精神、②天皇への敬愛、③伝統文化の尊重だ。なかでも、伝統文化の尊重にもとづく「日本人の自覚」は1985年の臨時教育審議会の答申以降、道徳教育を推進するキーワードになってきた。ここでいう「伝統」とは天皇制のことであり、「文化」は和文化を指す。沖縄やアイヌの文化は含まれていない。自民党が12年4月に公表した「日本国憲法改正草案」（以下、「改正草案」）の前文は「日本国は、長い歴史と固有の文化を持ち、国民統合の象徴である天皇を戴く国家であって」とあり、主語が国民から国に変わった。また、象徴天皇制が古き伝統であるかのように記されている。

安倍政権が求める国民像は、日本国という絶対的価値のもとで、国家規範や命令に従う現代版の「臣民」ではないか。そのための国家道徳だ。「改正草案」は天皇の元首化、国旗・国歌の尊重、国防軍の保持などに加えて、国民に領土を守る協力義務（9条の3）が規定されている。それに呼応するように、中学校の武道に銃剣道が新たに追加された。銃剣道とは銃に似せた木製の「木銃」を使用し、相手の左胸と喉を突いて勝負を判定する競技だ。旧日本軍が戦闘訓練で用いていた。ある体育教師は、銃剣道の導入について「違和感がある。わたし自身やったことがないし、周囲にも経験者はいない。ほとんどが自衛隊に限られている。銃剣道で何を教えるのか」と戸惑いを隠さない。安全性に対する懸念もある。柔道の授業でも技をかけるのは指導者がいるときに限られている。いくら防具をつけても左胸や喉を突くのは危険だ。そもそも銃剣道の指導者がいないため、自衛隊員が学校にきて指導することも想定される。国民の国土防衛義務と銃剣道の導入は単なる偶然だろうか。

基本的人権についても「公益及び公の秩序に反しない限り」との制限がかけられた。学校の教育活動全体で臣民に向けた洗脳が行なわれるとしたら、まさに戦前回帰といえる。歴史の針を逆に進めることが、安倍首相の「戦後レジームからの脱却」なのだ。

美化される自己犠牲

日本は強い国――。

日本の力を、信じている――。

東日本大震災のおり、連日のように放映されたテレビCMに躍った言葉だ。同時に、「ひとつになろう」「つながろう」「がんばろう」という言葉も流布され、震災に乗じて「日本」や「日本人」が強調された。

この東日本大震災の出来事を題材にした道徳教材がある。埼玉県が震災の翌年（12年3月11日）に作成した「彩の国の道徳　心の絆」だ。埼玉県ではそれ以前の09年度に「彩の国の道徳」を発行。小学校低・中・高学年版と中学校版、高校版の5種類を使用している。学習指導要領の４つの視点に加え、埼玉県の偉人と伝統文化、規律ある態度の３つを重点化しているのが特徴だ。いわば、道徳の「県定教科書」といえる。

「彩の国の道徳　心の絆」は未曽有の震災のなかで、苦難に立ち向かった人々の勇敢な姿や、困難を克服する姿を描いた教材だ。そのなかに「天使の声」（中・高校生対象）と題した文章が載っている。宮城県南三陸町の職員で危機管理課に所属していた遠藤未希さん（当時24歳）を題材にしたものだ。未希さんは防災無線の担当だった。津波が迫るなか、未希さんは防災対策庁舎2階で町民に高台への避難を呼びかけ続けた。しかし、津波は防災対策庁舎を飲みこんでしまう。この庁舎では未希さんをはじめ、多くの職員が犠牲になった。なかでも、未希さんは報道でも大きく取り上げられたので、記憶に残っている人もいるだろう。

この「天使の声」には、未希さんの胸中がカッコのなかに再現されている。たとえば、「未希さんは揺れる中、何とか防災無線の前に立った。（落ち着かなくては）と、大きくひと呼吸して……。」や、『潮が引き始めたぞぉー。』その声は二階の放送室にも届いた。（えっ、潮が引き始めた？　津波がくる！）未希さんの頭は混乱していた。（いや、一人も犠牲者を出してはいけない。）未希さんはあせる気持ちを抑えながら三浦さんと放送を続けた」などだ。

ここで描かれた未希さんの心情は、誰がどのように確認したのか。未希さんでしか知り得ないことが、文中にちりばめられている。

指導書に書かれている「天使の声」の主眼は、「人間としての気高さ」だ。指導の留意点として「自分の命を犠牲にして他者の命を救うことを肯定するような指導にならないよう配慮しながら」としつつも、「遠藤未希さんの行為を通して、任務に対する使命感や責任感、すべての人への愛情とも言える他者への思いやりなど、人間としての誇り、心の強さや気高さに焦点を当てて指導できるようにする」とある。未希さんはその年の9月に結婚式を挙げるはずだった。未希さんの使命感や責任感、さらに誇りや強さ、気高さが主眼となることで、迫りくる津波の恐怖と未希さんの無念の思い、かけがえのない命の尊さや遺族の悲しみが片隅に追いやられはしないか。

かつて、尋常小学校の修身の教科書には、日清戦争で敵の銃弾を受けながらも、「死んでもラッパを口から離さなかった」というラッパ手の木口小平の話が美談として載っている。木口小平を「英雄」に仕立てるためには、兵士としての使命感や責任感、誇りや強さを前面に押し出す必要があったのだ。戦前の「軍人勅諭」は「死は鴻毛（羽毛）よりも輕《かろ》（軽）しと覺悟（覚悟）せよ」と説いていた。教育勅語の次は軍人勅諭も復活しかねない。

安倍首相は著書『美しい国へ』（文春新書）で「たしかに自分の命は大切なものである。しかし、ときにはそれをなげうっても守るべき価値が存在するのだ、ということを考えたことがあるだろうか」と書いている。首相の考える、命をなげうっても守るべき「価値」とは何なのか。自己犠牲を美化し、道徳的価値と結びつけてはならない。自己犠牲を強いる側の責任が不問にされるだけだ。これほど不道徳的なものはない。

では、いったい道徳的価値はどのように子どもたちに刷り込まれるのか。たとえば、規範意識を高める内容では、「ならぬことはならぬものです」と藩士の心得を示した旧会津藩の「什の掟」が有名だ。「彩の国の道徳」（中学校版）の教師用指導資料集には「学校生活を充実させるためには『ダメなものはダメ』といった毅然とした指導が大切。『ダメなものはダメ』という言葉の裏側には、いけないことには理由はいらないという意味がある。（生徒に）理由がないことの自覚をうながすことが大切である」と留意点が記されている。こうした威圧的な内容に対し、埼玉県の教師は「『なぜ悪いことをしてはいけないのか』の『なぜ』を子どもたちが人間関係のなかで考え、学ぶことで成長し、自立していくのに、『理由はいらない』と上から押しつけている。これでは主体的な判断力はつかない」と批判する。上からの判断に理由もなく従うことは、「国のために死ぬ」ことを厭わぬ国民をつくることにもつながる。

そして、道徳の授業では話し合いを中心に据えつつも、教師が発問を工夫することで、生徒が主人公と自分を重ね合わせ（共感）、その心情に迫る過程で多様な価値観をぶつけて心を揺さぶり（葛藤）、最終的に道徳的価値に気づかせる（覚醒）手法がとられる。こうして価値（徳目）は巧みに刷り込まれる。

「二通の手紙」（「私たちの道徳」中学校）という物語がある（あらすじは次ページ参照）。主人公の元さんが、入園終了時間と保護者同伴の規則を破って姉弟を動物園に入れたのは、毎日のように入場門の柵から園内を覗いている2人をほほえましく感じていたからであり、親と来られなかった事情を思いやってのことだ。母親の手紙には、夫が病気で倒れ、自分が働きに出るようになり、動物園に行く目途が立たなかったことや、弟の誕生日のために女の子が入園料を貯めていたことが綴られていた。

この授業のねらいは「秩序と規律」。主人公の気持ちに共感させつつ、「思いやり」と「規則尊重」の二つの価値観で心を揺さぶり、ねらいとする道徳的価値の自覚に導く。元さんは、なぜ「晴れ晴れとした顔」で職場を去ることができたのか。

この教材と指導案について、ある教師は「元さんの『私の無責任な判断で……』という発言から、いかにも片方の手紙（停職処分の通知）だけに納得して『晴れ晴れとした』と意図的に読ませようとしている。むしろそうではなく、母親からの感謝の手紙に加え、自らの行動にも納得していたからこそ、自ら辞職しても『晴れ晴れとした』という捉え方が自然ではないか」と指摘したうえで、「道徳は読解力を問わない。ここで刷り込む価値観は、

『二通の手紙』（あらすじ）

元さんは、ある市営動物園の入園係。勤勉さとまじめさをかわれ、定年後も臨時職員として働いていた。

ある日、入園終了時間を過ぎて小学3年生くらいの女の子と3～4歳の弟があらわれる。「キリンさんやゾウさんに会えると思ったのに……」と泣き出しそうな女の子を見た元さんは、規則を破って二人を園に入れる。しかし、閉門時間が過ぎても二人は出てこない。職員あげての捜索が始まる。時間が経過するなか、園内の雑木林で遊んでいた二人が無事発見された。

数日後、元さんに姉弟の母親からお礼の手紙が届く。ところが、上司に呼び出された元さんの手には、懲戒処分の通知が入った手紙が握り締められていた。今回の事件が問題となり、元さんは停職処分になった。

元さんは二通の手紙を机に並べ、「子供たちに何事もなくてよかった。私の無責任な判断で、万が一事故になっていたらと思うと……。この二通の手紙で新たな出発ができそうです。お世話になりました」と晴れ晴れとした顔で職場を去る。

まじめでも規則を破れば罰（懲戒処分）せられる、個人の思いやりよりも集団の規則が大事だということ。遵法精神を上位に位置づけた規範意識の育成が強まっている」と話す。

実は、この「二通の手紙」には旧作がある。旧作では元さんの処分は停職ではなく、解雇処分だった。角度を変えて読めば、そもそもこのような解雇は許されるのかという疑問も浮かび上がる。その教師も「解雇という労働者にとっての重大問題を、園の規則違反と同じレベルで取り上げ、労働者の権利や、雇用契約の問題を考える視点を奪っている」と語る。

主人公の心境に同化させる「心理主義」的な道徳教育は、社会に生み出された問題や矛盾を、個人の「内面」の問題に矮小化する危険な「心の教育」といえる。子どもたちの「心」を支配する道徳教育の先にどんな未来が待っているのだろうか。

厳罰化する生徒指導

道徳の教科化とともに、学校現場では行動や態度に問題がある子どもに厳罰を科すゼロ・トレランス（非寛容主義（注3））が広がりつつある。

道徳の教科化のきっかけになったのは、11年に起きた滋賀県大津市の中学生いじめ自殺だ。13年に「いじめ防止対策推進法」が施行され、いじめ防止の基本方針を策定することが義務づけられた。

大阪市では15年8月、「いじめ対策基本方針」を取りまとめた。その内容は被害児童生徒の救済と、尊厳を守るのを最優先に位置づける一方、教育的配慮を排除して厳格な対応を打ち出した。犯罪行為には警察に相談・通報をし、重篤ないじめには加害児童生徒の出席停止や、「個別指導教室」での指導が盛り込まれた。

さらに、大阪市は児童生徒の問題行動に対処するための「学校安心ルール」(次ページ参照)を15年11月に策定し、16年度から本格実施した。学校安心ルールは、問題行動を最も軽い第1段階から最も重い第3段階に分け、学校等が行なう措置を定めている。つまり、生徒指導のマニュアルだ。

大阪市の男子中学生のA君は、教師の胸ぐらをつかんで引っ掻き傷を負わせた。生活指導部の教師は、「あんな生徒を残しておいたら学校が荒れる。自宅待機にすべきだ」と主張した。A君は幼いころに両親が離婚。母親は夜間の業務に就いており、A君は昼夜逆転の生活をしている。学力は低く、髪を染めて、タバコとスマートフォンが手放せない。暴

大阪市「学校安心ルール」（スタンダードモデル）の概要

	学習の時に	他の子に対して	先生に対して	その他の ルールとして	学校等が 行う対応
基本的な 約束ごと	嘘をつかない　ルールを守る　人に親切にする　勉強する				
第1段階	授業におくれる	からかう ひやかす 無視する 物をかってに 使う	指導を素直に 聞かない 指導を無視する からかう ひやかす	物を大切に しない 机に落書きを する 学校の物を かってに使う	その場で注意 個別指導 自己を振り返る 活動
第2段階	授業を じゃまする 授業に関係ない 話をする 授業をさぼり、 たむろする	仲間はずれ にする 悪口、 かげ口を言う こわがる ことを言う	指導に反抗する 挑発的な 態度をとる バカにしたような ことを言う	学校の物を こわす 夜中に出歩き 徘徊する 賭けごとをする	家庭連絡 複数の教職員で 個別指導 数日間の 振り返る活動
第3段階	授業を故意に 妨害する テストのじゃまや カンニングを 繰り返す 学校をさぼり 校外に たむろする	いやがることを 無理やりさせる 暴力をふるう 物を故意に こわしたり、 すてたりする	指導に対して 激しく反抗する こわがる ことを言う 押す、 突き飛ばす、 ぶつかるなどの 暴力をふるう	**万引きやバイク の無免許運転・ 飲酒・喫煙 などの 法律に違反 するようなこと**	関係諸機関 （警察・こども 相談センター） と連携し、 学校内で 指導を行う 個別指導教室を 活用した指導
	第3段階よりも重いと思われる事象や違反行為（窃盗や傷害・恐喝行為など） については、学校は教育委員会事務局の 担当指導主事と連携し、対応について協議する。				

力行為で転校を余儀なくされた。前の学校の校長室には「今度事件を起こしたら、警察に引き渡されても一切文句を言いません」とA君が書いた誓約書が掲示してあったという。そんなA君だが、テストでわずかでも点数が取れると喜び、クラスメートと仲よく球技を楽しむこともある。暴れまわるA君とは違う一面に触れることは、他の生徒にも教育的な効果があるはずだ。本来なら、教師は問題行動の背景を探り、関係性をつくって指導にあたる。ある教師は「どんなに荒れた生徒でも、まっとうに生きたいと思っている。それを応援するのが教育のはずだ」と話す。

だが、生徒指導のマニュアル化は子どもの事情を勘案しない。ゼロ・トレランスの特徴は、規律違反には理由を問うことなく罰則を科すことにある。多忙化する学校現場ほど、こうしたマニュアル化した指導方法が採用されやすい。指導する側が楽だからだ。

学校と警察の垣根も低くなっている。暴力行為には被害届を提出。困難校には警官OBの生徒指導支援員が派遣される。「悪を懲らしめるのが警察や。そこと協力して何が悪いねん」と言い放つ教師もいる。校内の器物損壊も防犯カメラの映像で生徒を特定する。警察の捜査手法そのものだ。A君が校門のインターフォンを蹴って壊した件では、管理職が映像を見たものの、破損行為が確認できなかったために指導すら行なわれなかったという。

生徒との関係性があれば、本人を呼んで諭すこともできたはずだ。大阪市の別の教師は「社会の秩序や、学校を乱す者は切り捨てていくということ。（厳罰化は）見せしめであって、教育とはいえない。教師が（マニュアル化に）疑問を持たず、葛藤もしない。思考停止に陥っている」と話す。

ゼロ・トレランスは小学校にも広がっている。さいたま市内の小学校。「（指導は）最初が肝心だ。なめられてはダメ。引き締めていこう」が教師間の合言葉となり、低学年から厳しい指導が行なわれる。他の児童と同じ行動をとれない子は叱り飛ばされる。ある教師によると、教師の怒鳴り声や、児童の泣き声が隣の教室から聞こえるという。ベテラン教師から「お前は甘い。もっと厳しくやれ」と児童の前で責められ、涙する若い教師もいる。

そんな厳しい指導を繰り返すうちに、児童は教師の要求をいち早く察知し、思い通りに動くようになる。秩序の内面化だ。校長は指導の成果を絶賛し、規範意識を植えつける教師が「力量ある教師」と評価される。指導方法に疑問を感じても、職場の同調圧力が強くてものが言える状況にない。

さいたま市の教師は「まるで軍隊式の指導だ。こんな指導を続ければ『自分が悪い』『自分はダメ』といった自己肯定感の持てない子どもが増える」と危惧する。これも臣民の育成のかたちであろう。

命令と服従による規範意識の醸成と、「我が国と郷土を愛する」という目標に沿って道徳教育が進められれば、「戦争する国」を支持する国民意識は容易に形成されかねない。この国が、教育によって、再び「戦前」に立ち戻ることがあってはならない。

注1　現行の道徳の時間は年間35時間。

注2　江戸時代に実在していたという事実は史料によって確認されておらず、「発明」や「空想」であるとする批判や指摘がある。

注3　本来は「不良品を許さない」という品質管理の考え方を指す。

佐貫浩
法政大学名誉教授に聞く

真の道徳性は「憲法的正義」にこそある

聞き手／平舘英明

――道徳の教科化は、大津市の中学生いじめ自殺がきっかけとなっています。

佐貫　確かに道徳の教科化は、いじめ問題への対応として、第２次安倍内閣の教育再生実行会議「第１次提言」（２０１３年2月）で打ち出されました。

しかし、いじめの問題解決を道徳教育で行なうことに合理的な理由はありません。道徳教育は歴史的伝統として個人の心の持ち方の問題という観念が強い。しかし、道徳性はむしろ社会の側や、人との関係性に組み込まれています。

いじめの場合、ほとんどの子どもは「いじめは悪いことだ」と思っています。だが、いじめる人間の支配空間のなかで、いじめが自分に向かってこないように傍観者や観衆となってやむなくいじめに加担しているのです。いじめを止める、いじめをなくすにはこの空間の力学を子どもと教師が一緒になって組み替えていくことが求められます。「いじめはいけない」という「徳目」を強調したり、いじめの主犯格を取り締まるような個人の道徳規範の押しつけだけではいじめの解決にはなりません。

――道徳の教科化と合わせて、学校現場ではゼロ・トレランス（非寛容主義・厳罰主義）的な生徒指導が広がっています。

佐貫　ゼロ・トレランスは「自己責任」という規範教育です。規範を守れない人間はだめな人間であり、処罰されて当然という規範の絶対化です。なぜ、その「決まり」があるのかを問うことなく、「徳目」という絶対的規範が守れるかどうかになる。守れない子には規範による制裁と、心理主義的な反省とが課せられることになります。

ゼロ・トレランスとは「寛容」がゼロなのではなく、「教育」がゼロなのです。規範を守れない背景には生きづらさや、自己肯定感の喪失など困難を抱えている場合が多い。そういう子どもが立ち直るためには、困難な状況や生活環境に周囲が共感し、時間をかけた集中的な教育が必要なのです。しかし、ゼロ・トレランスはそういう教育的な働きかけをしない。つまり、教育を放棄するのがゼロ・トレランスの本質です。教育にお金をかけないのは新自由主義の特徴です。

――教科化で道徳性が「評価」されることになります。

佐貫　たとえ記述式であっても評価される問題は大きいでしょう。教育には学力の達成度をはかる評価は必要です。しかし、価値観や「徳目」を身につけたかどうかを評価の対象にすることは絶対してはいけない。そもそも価値観はテストではかれないものなのです。そのような評価をすれば、子どもは教師の求める態度や「正解」を演じることになります。

逆に、「日の丸・君が代」に対する態度を評価するとなると、「行動」ではかるしかない。

そうなると、行動訓練を通した人格統制が進みます。戦前の「修身」がまさにそうです。行動訓練が公然と展開し始めれば、道徳の教科化の危険な第2段階といえるでしょう。

――本当の道徳性を形成するには何が必要でしょうか。

佐貫　たとえば、いじめの解決には生活指導と教科指導が必要です。生活指導は学級や学校でのトラブルや困難、暴力、差別などをその現場で取り上げて解決することで、強力な教育力や指導力が発揮されます。子どもたちの人間観、他者との関係、いじめに走る社会的・家庭的要因を組み替える直接的な働きかけ、現場性が問われます。

また、教科指導では、たとえば国語科で文学作品を通して、いじめはどういう精神をつくり出すかを学び、また差別される心情に触れて人間的真実に共感することも必要でしょう。社会科では、人類が人権や個人の尊厳を獲得してきた歴史を学びなおすことも大切です。平和や非暴力の方法を学び、繰り返されてきた戦争の原因を解明して、戦争のない社会をつくる知恵を獲得することも不可欠です。

いじめは子ども世界の政治の問題です。どうしたら安心して生きられるか。そうした知恵を教科や生活指導から学ぶことでいじめを克服していくことができます。

現在は格差や貧困、生存権の剝奪など社会的正義（憲法的正義）の水準が低下しています。社会の側にこそ第一の問題があると言わなければなりません。そういうなかで、個人の道徳性の向上だけを求めてもだめなのです。個人の道徳性と、社会的正義は不可分であり、人権や平和、民主主義、生存権、労働権、表現の自由などこそが、人類のモラルの到達点です。

憲法的価値なくして、人間は生きられません。このことを子どもに納得できるように伝える。いじめのない世界を実現する道すじを大人も一緒になって示してやることが大切です。

今こそ、社会の困難や矛盾の原因を突きとめ、自らを社会的正義・道徳性を実現する主体となるような道徳が求められているのです。そしてそのような道徳性の獲得は、道徳の教科化によってではなく、生活指導と教科の教育によってこそ、可能となるのです。

郵便はがき

料金受取人払郵便

神田局承認

8040

差出有効期間
2020年1月
28日まで
（切手不要）

101-8796

512

東京都千代田区神田神保町2ー23
アセンド神保町3階
株式会社　金曜日
『週刊金曜日』定期購読係　行

今すぐこのハガキでご購読のお申し込みを！

※見本誌のご請求だけでも構いません。

便利でお得な「週刊金曜日」の定期購読		
●月々引落し払い	月平均2,080円※②	（1冊あたり520円）
●半年 24冊	12,200円	（1冊あたり509円）
●1年 48冊	23,900円	（1冊あたり498円）
●2年 96冊	45,000円	（1冊あたり469円）
●3年144冊	60,000円	（1冊あたり417円）

※①お支払い方法は、払込用紙による方法（半年・1年・2年・3年）と、金融機関の口座自動引落しによる方法（月々）があります。
※②月々自動引落し払いは、1冊520×その月の冊数（月平均4冊発行）となります。
※③廃刊・休刊の場合を除き本誌発送後の途中解約によるご返金には応じかねます。

★いただいた個人情報は、本誌等出版物の発送、事務連絡、宣伝物・アンケートの送付、弊社イベントのご案内に利用させていただきます。
※本ハガキ小社到着をもって、最新号からお届けいたします。
※お申込み後に払込用紙・手続用紙をお届けいたします。

『週刊金曜日』定期購読・見本誌申込書

●該当する□に✓をつけてください。

□見本誌を請求する

□定期購読を申し込む

一括払い：□半年・□1年・□2年・□3年

自動引落し：□月々払い（最低半年以上）

本誌の定期購読は（□初めて・□以前購読していた）

・送付先

フリガナ お名前	性別 男・女	年齢 才
ご住所 □□□-□□□□ 都道府県 市区郡		
TEL（　） FAX（　）		
Eメールアドレス		
ご職業		

●ご請求先が本誌送付先と異なる場合は、下記にご記入ください。

通信欄（本書を読んだ感想など自由にご記入下さい）

タ026

第5章

「君が代」強制には屈しない
良心をかけた、歴史に刻む闘い

クビを警告されている教師がいる。

大阪府の特別支援学校に勤務する奥野泰孝さん（60歳）だ。

奥野さんは、2015年3月の卒業式で「君が代」斉唱時に起立斉唱しなかったとして、大阪府教育委員会（府教委）から職務命令違反で戒告処分を受けた。後述するが、奥野さんは13年3月の卒業式をめぐっても職務命令違反で減給処分となっている。その後、府を相手に減給処分の取り消しと、慰謝料を求めて提訴したが、大阪地裁に続き、大阪高裁でも奥野さんの請求は棄却された。そして、最高裁でも奥野さんの訴えは退けられた。

大阪府は08年に橋下徹知事（当時）が就任して以来、教育関連条例を次々と成立させるなど政治主導の教育改革が進められた。なかでも、『「君が代」斉唱を義務づけた府条例」（注1）（以下、国旗国歌条例）が11年6月に施行されると、これまでにのべ62人の教職員が戒告や減給処分となっている。

加えて、12年4月に施行された「大阪府職員基本条例」（以下、職員基本条例）は、同一の職務命令違反を3回繰り返すと免職と規定した。奥野さんは条例の施行後、すでに2回処分されていて後がない。処分辞令とともに手渡された「警告書」には、「今後、あなたが同一の職務命令に違反する行為を繰り返した場合、（中略）免職することがあることを警告します」との文言が入っている。

ちなみに、奥野さんは16年と17年の卒業式では参列者の車を誘導する駐車場係を命じられ、卒業式から排除されている。処分は免れているが、定年は18年3月末。予断は許さない。17年3月の卒業式では奥野さんの支援者が校門に集まり、「立たない自由がある」とのボードを掲げ、生徒や保護者、職員にビラを配った。奥野さんは「人権を大切にする社会をつくる。それを生徒に示すには（府教委の）脅しに屈するわけにはいかない」と話す。

奥野さんは25歳の時にキリスト教の洗礼を受けた。「君が代」は天皇の治世が永遠に続くことを願う歌である。戦前、「君が代」

奥野泰孝さん。

は国家神道と結びつき、それに反対する人々は迫害を受け、無謀な戦争に突き進んだ。当時の教会では、礼拝の前に国民儀礼として宮城遥拝が強制されていた。皇居の方角に掲げた「日の丸」に向かって最敬礼し、「君が代」も斉唱した。「君が代」起立斉唱の強制は思想・良心の自由（憲法19条）や信教の自由（憲法20条）の侵害だ。奥野さんにとって、「君が代」斉唱は「常識」とか「慣習」では済まされない。クリスチャンとしては容認できないことなのだ。

「君が代」の強制に不服従であることは、基本的人権を勝ち取る闘いでもある。

個人の尊厳よりも「君が代」

奥野さんが免職の警告を受けた15年3月の卒業式は、「君が代」強制の非教育的な本質が如実に現われた。奥野さんは卒業生の担任であり、学年主任も務めていた。

特別支援学校には、障がいによって起立できない生徒が多くいる。奥野さんは肢体不自由のA君の担任だった。卒業式という緊張する場面では、生徒の精神的な安定を確保するために、教師が傍らに寄り添うことも必要だ。こうした障がい者の実情に応じて社会的障壁を除去する見守りは、「合理的配慮」と呼ばれる。

奥野さんは、車椅子で立てないA君の体調が悪くならないように「君が代」斉唱のときには、「横に座って介助指導したい」と管理職に申し出た。A君は在校生として参加した前年の卒業式で、体調を崩した経緯があったからだ。奥野さんは3年間にわたって、A君を受け持ってきた。安定した状態で卒業を祝いたい。それは保護者の願いでもある。だが、准校長は「(A君の)体調が悪くなる証拠を出せ」と奥野さんの要求を認めず、起立斉唱の職務命令を出したのだ(注2)。

実は、合理的配慮をめぐっては次のやり取りが確認されている。

卒業式の前日、奥野さんの知人が府教委に出向く用事があり、そのとき特別支援学校を所管する支援教育課に足を運んだ。その知人は、奥野さんの名前と勤務校を告げたうえで、「君が代」斉唱時の障がいのある生徒への対応を尋ねた。支援教育課の指導主事は「生徒を介助するために教員が座っていることもあり得る」との見解を示し、「学校に連絡する」と約束してくれた。奥野さんはそのやり取りを知人から聞き、希望を持った。式当日の朝、奥野さんは准校長と顔を合わせたが、起立斉唱に関する言及はなかった。このとき、奥野さんは自分の要求が認められたと思い、「君が代」斉唱時にはA君の横で座ったまま介助した。

　ところが、式が終わってから奥野さんは准校長に呼び出され、「国歌斉唱時の不起立を現認した。顛末書を書け」と迫られた。奥野さんが顚末書を書くのを拒否すると、准校長は7ページにわたる報告書を府教委に即日提出した。不起立を見込んで、事前に準備していたと思われる。

　後日、奥野さんは府教委に呼ばれ、事情聴取を受けた。奥野さんは弁護士の立ち合いを求めたが、「進行の妨げになる」との理由で認められなかった。そして、戒告処分を受ける。処分辞令の受け取りは校長室で行なわれた。処分説明書は「公立学校教員として、全体の奉仕者たるにふさわしくない非行」と断じた。奥野さんは腹立たしい思いから、校長の目の前で処分辞令を破った。卒業式の前日に支援教育課の指導主事が示した見解は、一般論と片づけられた。奥野さんは「障がい者への合理的配慮は他者への想像力だ。特別支援学校での『君が代』強制は、そうした想像力を奪う教育だ。府教委の横暴さは明確だ」と批判する。

　生徒の尊厳よりも、「君が代」斉唱が優先される。それが、はたして「教育的」といえるのだろうか。

共謀罪を先取る判決

奥野さんが初めて処分を受けたのは、12年3月の卒業式だ。

このとき、府教委は国旗国歌条例の制定を受けて、卒業式を前にすべての教職員に起立斉唱を命じる通達を出した。奥野さんの職場でも校長が通達を読み上げ、口頭で職務命令を発した。起立斉唱の強制は、思想・良心や信教の自由の侵害であることは、奥野さんが国旗国歌条例のできる前から学校現場で主張してきたことだった。奥野さんは卒業式の前日に、子どもには内心の自由があることを説明するよう管理職に要望書を提出。自らは起立斉唱をせずに、職務命令違反で戒告処分を受けた(注3)。

その年の入学式は、前述のA君の担任として式に臨むはずだった。だが、「君が代」の起立斉唱を拒んだために「式が終わるまで会場に入ってはいけない」という職務命令のもとに、受付業務を命じられた。A君との写真撮影も認められなかった。生徒と教師の関係性や、A君への教育的配慮を無視した対応だった。不起立の教師を排除する「見せしめ」といえる。

そして13年3月の卒業式。管理職は式の1カ月前から奥野さんの意思確認を頻繁に行なった。給食の指導中も、生徒の介助中でも「立つのか、立たないのか」と問い詰めた。あまりの執拗さに精神的苦痛を味わった。准校長の「立てないのなら式場外の職務命令を出す」との発言に、「脅しですか。パワハラ（パワーハラスメント）ですよ」と抗議した。

式当日、奥野さんは不起立の意思を伝えたために受付業務に回された。だが、受付で保護者全員の出席を確認すると、奥野さんは式場内に入った。子どもたちの3年間の成長を見届けたいとの思いと、生徒の介助や指導が必要だった。ところが、それを見てあわてた教頭2人が奥野さんに近づき、受付に戻るように迫った。ちょうどそのとき「君が代」が流れた。教頭はしきりに「立ってください」と促したが、起立しなかった。

この不起立によって、奥野さんは減給10分の1（1カ月）の処分を受ける。処分説明書は「（12年に）戒告の処分を受けたにもかかわらず、平成24年度の卒業式においても、職務命令違反を繰り返した」とした。

減給処分後には研修が待っていた。奥野さんは数人の府教委職員に囲まれるなか、私語も質問も禁じられた。研修終了時に、講師に質問しようとすると、府職員から「黙りなさい！　早くこの部屋から出なさい。何でここに呼ばれているのかわかっているのか！」とその場から追い出された。

繰り返すが、職員基本条例は、同一の職務命令違反を累計で3回行なうと免職と規定されている。このままでは免職につながりかねない。奥野さんは13年9月、減給処分の取り消しと、精神的苦痛に対する慰謝料を求める裁判を起こした。国旗国歌条例の施行後では初めての裁判であり、条例の違憲性を問う裁判となった。

裁判を争うのは精神的にも体力的にも重い負担だ。家族の理解も必要となる。妻も息子もクリスチャンで裁判を支持してくれた。ただ、どこまで闘えるのか不安も大きかった。それでも裁判に踏み切ったのは「命令」と「処分」という暴力的な手法で「日の丸・君が代」を強制することへの抵抗からだ。人権教育を担ってきた教師として「まちがっていると思うことがあったら、たとえ一人でも『おかしい』と言っていこう」と生徒に語ってきた責任がある。また、「立たない」「歌わない」ことを表現する行為が、公共の福祉に反する行為なのかを社会に問わなければ、「表現に携わる美術教員として生徒と真剣に向き合えない」とも考えた。

だが、大阪地裁（15年12月）と大阪高裁（16年10月）は、国旗国歌条例を「儀礼的所作」として憲法に反しないと判断した。さらに、減給処分については、前年の卒業式で戒告処分を受けたにもかかわらず、式場外の業務（受付）に反して式場内に入ったうえに、「君が代」

の起立斉唱もしなかったという「二重」の職務命令違反があったとして処分を容認した。

ちなみに最高裁（12年1月）は、不起立のたびに処分を重くする累積加重処分を「裁量権の逸脱・濫用」として、減給以上の処分を取り消す判断を示している。しかし、奥野さんに対する減給処分は2つの職務命令に違反する「悪質性」があったとして、累積加重処分にはあたらないとした。

だが、それは事実に反する。なぜなら、奥野さんは「式場に入るな」という職務命令を口頭でも文書でも受けていないからだ。それは府教委も認めている。ところが、府教委は「式が終わるまで式場に入ってはならない」という「黙示」の職務命令があったと主張した。奥野さんは「府教委の主張はむちゃくちゃなこじつけだ。存在もしない職務命令で減給処分にするなどおかしい。最高裁判決にも反する」と怒りが収まらなかった。実際に、奥野さん以外の教職員は受付業務が終われば式場に入っている。なぜ奥野さんだけが「黙示」の職務命令によって処分されるのか。実際に、式は混乱もなく終了している。だが、地裁と高裁判決は府教委の主張を追認し、「（奥野さんは）自ら積極的に卒業式の式典としての秩序や雰囲気を損なわせようとした」と断じた。

納得のいかない奥野さんは最高裁に上告した。上告にあたっては、府教委の「裁量権の逸脱・濫用」とともに、信教の自由（憲法20条）についても強く訴えた。しかし、最高裁は17年3月30日、奥野さんの訴えを退けた。奥野さんは「一審二審判決のでたらめさを、最高裁で明確にして憲法判断をしてほしかった。『積極的に秩序を損なわせようとした』という判決理由が通れば、『秩序を乱そうとしている』とみなせば処分が出せることになる。共謀罪法案を先取りするかのような判断だ」と批判する。

奥野さんは、ある校長の発言が忘れられない。その校長は「（斉唱時に）立たない生徒がいたら、立つように指導する。また、家庭の方針と違うという保護者がいたら、親を説得しても起立斉唱を求めるのが教員の仕事だ」と語った。特別支援学校では「君が代」の意味を教えられることはない。「君が代」の「君」は「あなた」でもいい。歌詞の内容はわからなくていい。とにかくみんなで歌えばいい。そこには、障がいのある子どもの成長や自立をどう支援するかの視点はない。思考停止とマインドコントロール。ここに「日の丸・君が代」を強制する本質が見え隠れする。

教育公務員の奥野さんは、全体の奉仕者（憲法15条）であり、憲法尊重擁護義務（憲法99条）がある。奥野さんは「わたしは憲法を守るために立たない。少数者の権利を守ることも全体の奉仕者としての役目だ。『兵役拒否』と違って『起立拒否』は小さなことかもしれないが、いま声を出せないなら、この先戦争に向かって行くときも声が出せなくなる」と語る。

新約聖書のルカによる福音書には「この人たちが黙れば、石が叫びだす」との一節がある。奥野さんは、田中正造の遺品となった信玄袋に、新約聖書などに混じってわずかな小石が入っていたことに「感動を覚える」という。石は礫《つぶて》であり、弱者の武器だ。「叫ぶ石」となった奥野さんの闘いは、憲法を守るための、教育を守るための闘いである。そして、奥野さんの闘いに呼応するように、抵抗のうねりは広がりつつある。

撤回された「口元チェック」

奥野さんに続いて大阪府教委を相手に裁判を起こしているのは、府立高校の元教師・辻谷博子さん（65歳）だ。辻谷さんは12年度の入学式と卒業式で起立斉唱しなかったとして、戒告と減給処分を受け、退職後の再任用も取り消された。学校現場は「時代が変わった」と「君が代」に順応する教師が増えている。辻谷さんは「教師であった以上、時代に騙されるわけにはいかない」と裁判に臨んでいる。それが処分を受けた教師の責任でもあるからだ。

辻谷さんは、軍国少女だった母親から「君が代」をシンボルとした戦前の教育の怖さを聞かされて育った。教師になってからは、人権教育を通して「君が代」の強制に反対し、学校現場では二十数年間にわたって管理職らと対話を重ねてきた。国旗国歌条例が成立した府議会では、思想・良心の自由が服務規律（ルール）の問題に矮小化され、数の暴力で可決されるのを目の当たりにした。傍聴席では泣いている人もいたが、涙すら出なかった。

辻谷さんが提訴に踏み切ったのは、中原徹大阪府教育長（当時）が通知した「口元チェック」への抗議の意味もあった。府教委は14年1月、各府立学校長・准校長に対

辻谷博子さん。大阪地裁と高裁は敗訴。上告した。

し、「平成25年度卒業式及び平成26年度入学式の実施について」の通知を出し、「入学式及び卒業式等において国歌斉唱を行う際、教職員の起立と斉唱をそれぞれ現認する」よう指示した。つまり、教師が「君が代」斉唱時に起立だけでなく、実際に歌っているかを確認する、いわゆる口元チェックだ。前年の9月に引き続き2回目の通知だった。

学校現場の萎縮効果は大きかった。過去には、式の司会役の教師が来賓の大阪維新の会(当時)の議員から不斉唱を指摘され、厳重注意処分を受けた。また、別の府立高校の卒業式では会場の2階からビデオカメラによる隠し撮りが発覚。ビデオには斉唱時の教師の姿が鮮明に録画されていた。校長は当初、「(式の)記録用だ」と弁解したが、自らの指示だったことを認めて謝罪した。

この口元チェックの通知を受け、各学校では校長から「(斉唱時に)口を開いてもらわないと困る」「とにかく口を動かしてほしい」といった要請があった。だが、「歌う」行為は「起立する」よりも内心の自由と深くかかわる。辻谷さんが許せなかったのは、口元チェックが子どもへの強制につながると思ったからだ。

そして案の定、口元チェックは世論の批判を浴びることになり、中原教育長は撤回せざるを得なくなる。中原氏は弁護士であり、橋下徹前大阪市長の友人でもある。橋下府知事(当時）のときには民間人校長として府立高校に着任。13年4月には初の民間出身の教育長に就任した。だが、教育委員や部下に対するパワーハラスメントが明らかになり、15年3月に辞職に追い込まれている。

口元チェックが撤回されたことで、14年4月の入学式は校長の責任と裁量によって取り行なわれることになった。だがその入学式で、校長の職務命令がなかったにもかかわらず、不起立を理由に戒告処分となった教師がいる。府立高校教師の井前弘幸さん（59歳）だ。

井前さんは新任校に異動したばかりだった。新任校の校長は井前さんの前任校で教頭を務めていた。井前さんは着任早々、校長から入学式での起立斉唱の意思確認をされた。井前さんは「立つことはない」と答えたが、校長は「府教委から職務命令の通知が出ている。ただ、忸怩《じくじ》たる思いはあるので職務命令という言葉は使いたくない」との考えを伝えてきた。そして、校長は式直前の職員会議で「（職務命令の）文書を新たに配布はしないが、教育長通達の通り、入学式においては式場内の教職員は起立し斉唱するようお願いします」と結び、「これは職務命令です」という言葉をつけ加えなかった。命令によって教師を従わせる行為は間違っている。校長はそう判断したのではないか。井前さんは校長との対話を通じて確信したという。式当日の「君が代」斉唱時、井前さんは1年生の副担任として、担任の後ろの席で目立つことなく着席した。式に何ら混乱はなかった。

職員基本条例では文書による職務命令がなければ処分の対象にならない。ところが府教委は井前さんを戒告処分にした。処分理由は、入学式直前の職員会議で校長が起立斉唱の「指示」をしたこと、前任校で起立斉唱を求める教育長通達が配布されていることだった。一方で、府教委は校長を訓戒処分にした。「命令」という言葉を使わなかったことへの制裁といえる。

井前さんの父親は「国のために一命を賭す」との教育を叩き込まれ、特攻隊に志願して敗戦を迎えた。井前さんは教育者として、戦前の教育に戻そうとする「君が代」強制を許すことはできない。処分を受けたとき、井前さんは「(今後は)教師としての仕事は相当制約され、一面的なことしかできなくなるかもしれない」と感じたという。今後は担任を持てない可能性もある。教育者にとって、これほどつらいものはないだろう。

井前さんは15年7月、奥野さんや辻谷さんらとともに、2条例(国旗国歌条例、職員基本条例)の違憲・違法性と、処分の撤回を求めて共同提訴(7人・8件の戒告)に踏み切った。2条例は、明らかに不起立の教師を狙い撃ちにしたものだ。教師が「日の丸・君が代」に敬意を表している姿を見せることは、子どもの学習権や教育の自由を侵害する行為でもある。

特定秘密保護法や安保法制が成立し、「戦争する国」が現実化するなかで、教え子を戦場に送らないための闘いは続いている。

心を縛る国に未来はない

強制される音楽を、あなたは愛することができますか。

大阪市の音楽教師中山尚子さん（仮名）の問いかけである。中山さんは、校長から「（『君が代』のピアノ伴奏を）公務員として職務命令で弾くように」と命じられたことがある。大阪市の小・中学校における「君が代」は、市教委の強い働きかけもあり、多くの学校ではピアノまたは吹奏楽による伴奏で行なわれている。市は「（式では）国歌が斉唱できるよう指導する」と通知しているが、生のピアノ伴奏には職務命令は出されてこなかった。中山さんは以前から数十回にわたり、「君が代」の伴奏を求められてきたが拒んできた。現在まで代役の人が弾いている。

中山さんが「君が代」に抵抗を感じるのは、歌が「強制」されることにある。これまで、中山さんは何度も「君が代」を弾くイメージをしてみた。でも、どうしても弾けない自分がいる。「弾かない」よりも「弾けない」のだ。音楽は表現教科であり、心の状態がそのまま現われる。歌うという行為はそれだけ繊細な行為だ。たとえば、心が荒《すさ》んだ子どもは叫ぶように歌うし、心が穏やかになると声質が変わる。中山さんは、かつて授業で歌わない生徒を立たせたり、叱ってでも歌わせてきた。だが、困難を抱えた子どもたちと接するうちに、心が開いていなければ歌は歌えないことに気づく。家庭が崩壊し、自暴自棄になっている生徒にとっては、音楽などどうでもいい時間にすぎない。ある生徒に笛を吹くように求めたとき、「笛を吹くことで僕の人生が何か変わりますか?」と逆に問い質されたこともある。

しかし、そうした生徒に対しても、辛抱強く働きかけをした。少しでも音楽に取り組む姿勢が見えれば「ありがとう」と声をかけた。そのように励まし寄り添うことが歌う行為に結びついていく。だから、授業で扱う選曲には神経を使う。どの子にも歌いやすい音程か、メロディーはきれいか、歌詞が子どもたちの心の状態に合っているかなど慎重に見極める。けっして歌わなかった茶髪の女子生徒が、最後の授業を前に初めて歌った姿を見て、「歌いなさい!」と強制しなかったことが「正しい指導だった」との確信を得た。中山さんは「歌は心そのものであり、心を浄化するためにある」と語る。茶髪の生徒が初めて歌う姿が今でも脳裏に焼きついている。心は、命令や強制で動くものではない。

橋下徹前大阪市長は、かつてツイッターで「教育とは2万パーセント強制です」と発言したことがある。中山さんは「命令と強制で国歌を歌わせるときは戦争するときだ。音楽は政治の道具ではない。自分が『君が代』を弾くことで戦争への道を一歩でも進めたとしたら、自分の息子にも、生徒にも、未来の子どもたちにも顔向けできない。心を縛る国に未来はない。世界中で罰則（処分）のある曲ってありますか？　そんなものは音楽じゃない」と語る。

「君が代」斉唱の強制に反対する声は、保護者からもあがっている。

大阪市在住の藤井幸之助さん（56歳）は13年3月、府立池田北高校の娘の入学式で、保護者席から「『君が代』は歌いません」と書いたプラカードを掲げた。

藤井さんはこれまでも保護者有志と近隣の小・中学校を回り、卒・入学式での「君が代」斉唱が強制にならないよう要請してきた。学校には部落出身者はもとより、沖縄や朝鮮半島にルーツを持つ子どもがいる。日本人のなかにも「君が代」に抵抗を感じる人がいる。そんななかで、学校現場で「日の丸・君が代」が強制されることに強い違和感があった。

だから、藤井さんは「君が代」斉唱時には式場から退席し、不起立を貫く教師の支援活動に関わってきた。職員基本条例は同一の職務命令違反が累計3回で免職と規定している。藤井さんは「先生方は労働者としてクビがかかっている。これ以上先生に危ない橋を渡らせられない。(今のところ)お咎めのない保護者で『君が代』強制反対の流れをつくりたい」と話す。

ある府立高校の女子生徒は「(『君が代』の強制は)先生だけの問題ではない。やがて生徒にも強制される」と感じている。将来は社会科教師を目指しているので他人事ではない。この生徒の母親は、自身

保護者席前列2列目から無言の意思表示をする藤井さん。会場の空気が一瞬で変わるのを感じた。(写真提供/藤井幸之助さん)

の中学校の入学式で、不起立の同級生に対して「立て！」と怒鳴りつけた来賓を鮮明に記憶している。母親は『君が代』は歌いたい人が歌えばいい。子どもたちの行事なのに何のための卒・入学式なのか」と疑問を呈する。

強制されて身につくものなどない。それほど非教育的なものなのだ。

不起立した高校生

木村ひびきさん（22歳）は14年3月、大阪府立高校の卒業式で「君が代」斉唱時に起立斉唱しなかった経験を持つ。

木村さんは式の当日、「卒業生の声も聞いてください」と題したビラを校門前で配布した。ビラに込められた2000字余りの文章には、不起立への率直な心情が綴られ、固い決意で結ばれていた。

少数派は多数派からいつも「間違っている」と言われ続けている。不起立する少数派の生徒を理解してほしい――。ビラは「少数を切り捨てるのは簡単です。でも、お願いします。少数の声を聞いてください」と訴えた。

その思いはクラスメートにも届いた。「ひびき、（ビラの）内容よかったよ」との声がその証左であり、彼らは木村さんの不起立を静かに見守ってくれたのだ。卒業式は誰のためにあるのか。木村さんの行動はそんな根源的な問いを突きつける。

木村さんが初めて「君が代」と向き合ったのは、中学3年生のときだ。卒業式が間近に迫った音楽の授業で、「君が代」斉唱の練習が突然行なわれた。その際、音楽教師は「君が代」を「恋の歌」と紹介し、「君」の意味を「あなた」と説明した。木村さんは以前、父親から『君が代』は天皇の世が長く続くのを願う歌だ」と聞いていた。疑問をぶつけたが、音楽教師は「違うよ。恋の歌だよ」と返答するだけ。木村さんは解釈を押しつけられた気分になり、反感を覚えた。

だが、不起立をする勇気は持てなかった。人と違う行為をすれば、いじめられたり、責められたりするのを経験的に知っていたからだ。そんな木村さんを決意に導いたのは、校長の言葉だった。卒業式の予行で、校長は「立つか立たないかは個人の自由。立たなかった人がいてもそれを責めてはいけない」と全員に語りかけた。一人ひとりの気持ちを尊重してくれた、その言葉が転機となった。木村さんは「何があっても先生が守ってくれるという安心感が生まれた」と振り返る。それでも不起立している間は手足が震え、吐き気にも襲われた。しかし、「君が代」が終わってみれば、拍子抜けするほどそれまでの不安は吹き飛んでいた。

高校に進学した木村さんは、そこで信頼できる教師と出会う。梅原聡さん（61歳）だ（注4）。梅原さんは国旗国歌条例施行（11年6月）後の卒業式で起立斉唱をしなかったとして戒告処分を受けた。木村さんは高校2年生のときにその事実を知り、「不起立への思いを理解してくれる先生だ」と確信した。その後は、梅原さんを支援する集会などに参加。「日の丸・君が代」の強制と闘う全国の人たちと交流し、視野を広げた。そして、卒業式を前にして、学年主任に不起立を表

梅原聡さん。木村ひびきさんとともに不起立して2回目の戒告処分を受けた。

明するまでになる。梅原さんとの出会いを通して、木村さんは大きく成長したのだ。

だが、国旗国歌条例は、木村さんのような生徒から信頼できる教師を排除していく。実際に、木村さんの卒業式では校長が「卒業生の担任であっても『起立する』と明言しなければ式場に入れない」と主張。生徒の門出である卒業式を諦めるか、不起立して処分を受けるか。その教師は不本意な気持ちのまま、最終的に起立せざるを得なかった。

木村さんは「(校長は)脅してまでわたしたちから先生を奪おうとした。(卒業式は)3年間の集大成で、一番の思い出になる最高の瞬間なのに……。それを奪ってでも(「君が代」を)強制する理由は何なのか」と語気を強める。この卒業式では木村さんだけでなく、梅原さんも不起立をして2回目の戒告処分を受けた。梅原さんは「国旗国歌条例施行後、教師が立つようになってからは、生徒が座るというのはなかなかできないことだ」と話す。不起立は生徒にとっても勇気ある行為なのだ。

木村さんは14年7月、梅原さんらとともに大阪弁護士会に人権救済の申し立てを行なった。大阪弁護士会は16年3月、府教委と校長に対し、『君が代』の起立斉唱を教職員及び生徒に強制してその思想良心の自由を侵害することのないよう」勧告した。その理由として、国旗国歌条例は思想・良心の自由を侵害する違憲の疑いがあり、「法律の範囲内」に限定した条例制定権（憲法94条）に抵触するおそれがあること。さらに、生徒への「国歌斉唱指導」は「思想良心の自由を間接的に制約する」などとした。

木村さんは「わたしの心の支えは、不起立をして処分を受けた先生、わたしを理解してくれた先生と出会えたことです。勧告書に間接的な生徒への人権侵害が盛り込まれたのはうれしい」と感想を述べている。

だが一方で、学校現場では起立斉唱しない生徒への指導が強化されつつある。東京都教育委員会（都教委）は、卒・入学式の進行表に生徒の起立を促す文言を入れるよう学校現場に圧力をかけている。生徒の思想・良心の自由をいかに守るのか。

東京都の高校教師白石葉子さん（仮名、50代）は、職員会議を通して「『君が代』の強制は生徒の人権にかかわることなのであってはならない」と発言してきた。だが、管理職はこうした意見にいっさい耳を貸さない。

白石さんは以前、新入生を前に「入学式では国歌斉唱があるけれど、『君が代』についてはいろいろな考えを持つ人がいるから、どうしても歌いたくない人は歌わなくてもいいし、起立しなくてもかまわない」と説明したことがある。すると、ある女子生徒が「ほんとうに歌わなくとも、立たなくともいいのですか」と問い返したという。学校には外国籍などさまざまな立場の生徒がいる。「日の丸・君が代」に問題意識を持っていながら、自分の気持ちを押し殺して歌う生徒もいる。成績優秀にもかかわらず、韓国籍のために公務員試験の受験資格がなく、希望する進路を断念せざるを得なかった生徒にも出会った。そうした現実に触れ、白石さんは差別や困難な状況に苦しむ生徒の立場に立とうと心に決めてきた。

白石さんは「『君が代』斉唱に賛同できない生徒がいる以上、わたしが起立斉唱することは生徒への強制に加担することになる」と不起立をして処分されている。主任教諭選考の合格も取り消された。

白石さんにはつらい体験がある。「君が代」起立斉唱を明言しなかったことで、3年生の担任を突如外されたことだ。白石さんの勤務校では、進路指導を重視して2年から3年は同じ担任が持ち上がることになっていた。だが、校長は「(卒業式で)起立斉唱できないのなら、来年は(3年生の)担任をやらせるわけにはいかない」と言って譲らなかった。3年生は進路を決める最も大事な時期だ。白石さんは混乱し、生徒に申し訳ない気持ちでいっぱいになったという。クラスの生徒には白石さんが事情を説明し、「ごめんなさい」と謝罪した。生徒からは動揺や不安の声があがった。なかには、「そんなこと(不起立)

で、なんで（わたしたちが）不利益を被らなければならないのか」といった厳しい表情を見せる生徒もいた。当時のクラスには母親を亡くしながらも、精神的な病と闘う生徒もいて、白石さんは卒業まで見守りたいと願っていた。「君が代」斉唱の強制は、こうした生徒との関係性も破壊していく。

安倍政権は、福祉施設である保育所の保育指針を改定し、「保育所内外の行事において国旗に親しむ」「我が国の伝統的な行事、国歌、唱歌、わらべうた」に「親しむ」との文言を盛り込んだ。幼稚園の教育要領に合わせるかたちで、18年度の施行を目指している。幼稚園の教育内容をめぐっては、安倍首相の妻が講演した学校法人「森友学園」の幼稚園で「教育勅語」を暗唱させていた。幼保の段階から「日の丸・君が代」や「愛国心」が押しつけられようとしている。一方、国立大学においても、下村博文文部科学大臣（15年当時）が卒・入学式での「日の丸」掲揚と「君が代」斉唱を要請する発言をしている。それぞれの成長過程で「日の丸・君が代」が何の抵抗もなく刷り込まれる。現在の園児たちが大学を卒業するとき、そこにどんな光景が広がっているのだろうか。

「10・23通達」ファシズム

「戦争は学校のなかからはじまる。教師がその認識を持っていないと戦前の教育の繰り返しになる。わたしは、絶対に（戦争する国には）手を貸したくない」

こう語るのは、都立高校教師の山本玲子さん（仮名、50代）である。とても控えめな印象を与える山本さんだが、「君が代」斉唱時に起立しなかったとして、これまで3回の戒告処分を受けている。現在は都教委を相手に処分取り消しを求める裁判の原告でもある。

東京都は、石原慎太郎知事の誕生（1999年）以降、「破壊的教育改革」によって学校現場は激変した。その象徴が「10・23通達」だ。都教委は03年10月23日、「入学式、卒業式における国旗掲揚及び国歌斉唱の実施について」（10・23通達）を都立学校長に発出。校長の職務命令によって、教師が「日の丸」に向かって起立し、「君が代」を斉唱するよう義務づけた。

10・23通達が出た直後、山本さんの高校の創立記念式典では、「君が代」斉唱がはじまると、都教委から派遣された職員らが会場を監視して回った。不起立を現認された同僚3人が、犯罪者のように取り囲まれて問い質された。その光景はファシズムそのものであり、山本さんは恐怖を感じた。

山本さんは「10・23通達に従えない」との思いを強くし、04年の入学式では不起立をして戒告処分を受ける。その後は卒・入学式から排除され、担任も外された。担任を希望しても、校長からは「起立斉唱を約束しないと任せられない」と拒否された。ようやく担任を持てたのは10年後の13年度。山本さんは、その入学式でも不起立をして再び戒告処分となった。

処分を受けると、研修センターで「服務事故再発防止研修」が行なわれる。都教委の研修担当職員が地方公務員法や教育基本法の条文を読み上げて、「公務員の責務についてどう考えているか」「着席したとき、公務員としてあってはならないという意識はあったか」「学習指導要領では国旗国歌がどのように書かれているか」など繰り返し質問される。なかには「質問に答えてください！」「メモをとっているとコミュニケーションが取れない！」と怒鳴られることもある。

山本さんは、職員から「教育目標を達成するには、校長の職務命令に従う必要があると思うがどうか」と問われた。山本さんが「本校の教育目標と、卒業式の職務命令にどんな関連性があるのか」と疑問をぶつけたが、「今は質問する時間ではない」と遮られた。さらに、山本さんが「日本が戦争する国に突き進もうとしている今、教育公務員として全体の奉仕者として、戦争に加担する職務命令には従ってはならないと考えて行動している」と発言すると、職員は無視を決め込むように何の反応も示さなかったという。

研修中は物々しい監視の目が光る。研修センターの廊下には、等間隔に職員が立つ。山本さんはトイレに行くにも女性職員に付き添われ、手を洗っているときも後ろから行動を監視された。別の女性教師も「逃げたら取り押さえるということなのか。まるで犯罪者として扱われていると感じた」と証言する。「研修」の名のもとに、罪悪感を植えつけ、繰り返し反省を強要するのは個人の尊厳（憲法13条）を根底から否定するものだ。

あるとき、山本さんが「同一の研修内容を何度も繰り返し行なって、自己の非を認めさせるのは内心の自由に踏み込むもので、著しく精神的苦痛を感じる」と述べると、職員は「（研修が）苦痛と感じるのなら、あなたの考え方を変えてもらわなければならない」と答えたという。山本さんが「つまり、思想を変えろということですね」と聞き返すと、職員はとても慌てた様子で「いや、命令に従う義務があるということで、思想を変えろということではない」と言い繕った。「思想改造」という本音が出たといえる。服務事故再発防止研修の目的は、戦前の特高警察が果たした思想弾圧と本質的に同じである。

10・23通達以降、職務命令違反で処分された教師はのべ480人に達する。今もってファシズムは続いている。

教え子を戦場に送らないために

山本さんは1988年に教師になった。当時の都立高校は自由な雰囲気にあふれていた。教師間に上下の差はなく、先輩教師からは「（新任教師でも）黙っていてはいけない。自分の考えを発言すべきだ」と教えられた。職員会議では「日の丸・君が代」に反対する議論が闊達に行なわれていた。授業も自分の裁量でできた。山本さんは「教師になってよかった。ここ（学校）がわたしの居場所だ」と強く感じたという。

だが、石原教育改革によって都立高校の現場は一変する。「人事評価制度」や「主幹制度」が導入され、職階制による上意下達のシステムが押しつけられた。職員会議では挙手や採決が禁止され、教師の意見は反映されなくなった。そして、閉塞感や無力感、息苦しさが蔓延する一方で、強権的支配への迎合も広がった。すでに、都立高校では10・23通達後に採用された教師が多数を占める。通達の存在すら知らず、上司の命令にはひたすら従うだけの若い教師が増えてきた。

学校現場や教育内容への介入も強まった。都教委は12年、実教出版「高校日本史A」の「(『日の丸・君が代』が)一部の自治体で公務員への強制の動きがある」との記述を「都教委の考え方とは異なる」として、実教教科書を使用しないよう学校現場に圧力をかけた。また、14年には都内の中学校で「日本海」と「東海」を併記した地図が使用されたことを受けて、「我が国の見解と異なる内容」としてこの教材を不適切とした。

さらに、『朝日新聞』が発行した「知る沖縄戦」の使用状況に関する調査も実施された。「知る沖縄戦」は、山本さんのクラスでも沖縄の修学旅行の事前学習に使用した。そうした学習効果もあって、生徒たちは元ひめゆり学徒隊の話に真剣に耳を傾けることができて、充実した修学旅行となった。だが、使用教材への過剰な介入は教師を萎縮させる。「この教材を使って大丈夫か」と常に考えて、自主規制する教師も増えれば、戦争の事実に触れることもできなくなる。

山本さんは10・23通達が出たときの不安が現実になりつつあるのを実感している。服務事故再発防止研修では「職務命令には従え」「教師の起立した姿を生徒に見せろ」と教育公務員の責務と役割が繰り返し叩き込まれる。思考停止の教師をつくる先には、国策に従順な子ども（少国民）の育成がある。戦争で犠牲になるのは若者だ。だからこそ、山本さんは「生徒には間違っていることには勇気を持って『間違っている』と言える人になってもらいたい。真実を見極める力や批判力を身につけてもらいたい」と語る。

16年3月、山本さんは卒業生を送り出した。これが担任教師としての最後の日となることを自覚していた。卒業式の朝、山本さんは生徒を前に「内心の自由」について説明をした。そのとき、3年間指導に苦心した男子生徒が「玲子さん（先生）が座るんだったら、クラスみんなで座ろうよ」と言ってくれたことが、うれしい思い出となった。このクラスの生徒たちは、山本さんの「君が代」裁判の行方にも関心を持ってくれていた。生徒からは「先生、昨日（記者会見で）テレビに出ていたよね」と声をかけられたりした。山本さんが「裁判をやってよかった」と思うのは、「日の丸・君が代」の強制に抵抗する教師の存在を生徒に伝えられたことだ。

そして、臨んだ卒業式。山本さんは「君が代」の伴奏がはじまると同時に着席した。式が終わって管理職に呼ばれたとき、不起立の現認に来た都教委の職員が「あの人（山本さん）は、たとえ命を奪われても踏み絵を踏まない人ですね」と話していたことを聞いた。やはり、「君が代」は「踏み絵」であったのだ。

「ひとりの人間がやれることは限られているし、自分が今やれることは『君が代』裁判を通してみんなに訴えていくこと。この国をいい方向に変えていけるように、その一助になればいいと思う」

山本玲子さんの言葉である。

「日の丸・君が代」の強制に抵抗している教師たちを忘れてはならない。この国が戦争する国になり、若者が戦場に駆り出され、戦死者が出る。この取り返しのつかない最悪の事態を防ぐために、勇気ある行動をとり続けている教師たちのことを……。

国旗や国歌は慣習や儀礼、ルールやマナーの問題ではない。

これは「戦争する国」に抗う、歴史に刻む闘いなのだ。

注1　大阪府の施設における国旗の掲揚及び教職員による国歌の斉唱に関する条例。

注2　東京都立城北養護学校（当時）では07年、卒業式の「君が代」斉唱時に筋ジストロフィーの生徒が装着した人工呼吸器から警告アラームが鳴った。養護教師が急いで対応しようとしたところ、管理職はその教師に起立を命じた。幸いにも生徒は無事だった。

注3　「国旗国歌条例」の施行前で、免職規定の回数には含まれていない。

注4　17年3月末で定年を迎えたが、再任用選考に際して「君が代」起立斉唱の職務命令に従うかの意向確認に対し、「思想信条にかかわる質問には答えられない」と返答したため、再任用を取り消された。大阪府商工労働部は「職業差別につながる恐れがある。（府教委教職員人事課は）再任用選考にこのような質問をすべきではない」と改善要請をしたが、再任用は実現していない。

第6章

勤務実態調査で大量処分
教職員組合つぶしの最前線

北海道日高地方は、日本有数のサラブレッドの生産地であり、アイヌ文化遺産の宝庫でもある。

この日高地方で、北海道教育委員会（道教委）が下した戒告処分の取り消しを求めて、足かけ6年にわたって闘ってきた人がいる。学校事務職員をしていた飯山正憲さん（仮名、65歳）だ。飯山さんの処分理由は、勤務時間内の組合活動だった。

はたして、飯山さんは処分されるほど業務をおろそかにしていたのか。いや、むしろその逆だ。学校現場は慢性的な超過勤務状態にある。したがって、勤務時間中の組合活動は業務に支障がなければ労使慣行として認められていた。飯山さんは日ごろから職務に専念してきたからこそ、校長は一定の組合活動を認めてくれていたとの自負がある。本来なら、健康を害するほどの長時間労働を放置している、教育行政の責任が問われなければならないはずだ。

飯山さんは、処分は不当だとして、北海道人事委員会に不服申し立てを行なった。そして、人事委員会は2015年2月、飯山さんの処分を取り消す裁決を下した。飯山さんの行為は「軽微」なものであり、「(懲戒処分の)他事例の処分内容との均衡を失しており、公平性や平等性を欠く」としたのだ。強引な処分に対する正当な判断といえる。

北の大地の学校現場が揺れている。飯山さんへの処分を契機に、教職員が大量に処分され、それにともなう管理統制で息苦しい学校に変貌した。そして、管理教育の矛先は子どもたちにも向けられつつある。そこには、政治介入で翻弄され、わずか3年で「命令と服従」に支配された学校の姿がある。

北海道の教育にいったい何が起きているのか。

標的にされた北海道

ことの発端は、1枚のFAX送信票だった。

飯山さんは10年3月23日、校長室に突然呼び出された。当時、飯山さんは新ひだか町の小学校に勤務するかたわら、北海道教職員組合（北教組・日教組加盟）日高支部の支会（新ひだか町16分会・組合員約150人）の書記長を務めていた。校長室に入ると、そこには北海道教育庁日高教育局（道教委の出先機関）の係長と、新ひだか町教育委員会の主幹が待ち構えていた。そこで、飯山さんは小一時間にわたって、組合活動と政治的行為に関する事情聴取を受けたのだ。

事情聴取の内容は、3月3日に開かれた国会の参議院予算委員会の質疑にあった。この日、質問に立ったのは「ヤンキー先生」で知られる自民党の義家弘介参議院議員（当時、前文部科学副大臣）だ。義家議員は、飯山さんが勤務校のＦＡＸ機器を使って送信した「分会長会議」の連絡文書を入手し、「（勤務時間中の組合活動は）地方公務員法違反だ」と追及した。

おりしも、鳩山由紀夫民主党政権が誕生した09年の衆議院選挙では、北教組幹部が民主党議員（北海道5区）に対する政治資金規正法違反で逮捕、起訴（注1）される事件が起きており、川端達夫文部科学大臣（当時）は道教委に事実関係の調査を指示していた。国会の動きに呼応するように、道議会でも自民党による北教組攻撃が強まった。道教委は飯山さんの聴取から1週間後の3月30日、道立学校長と市町村教委に対し「服務規律調査」の実施を通知する。調査内容は組合活動と政治的行為に関する50項目以上（次ページ別掲参照）に及んだ。そして、調査は校長が教職員一人ひとりから聴き取る方法で、約３万８０００人が対象となった。

一方、札幌市の市議会文教委員会では「調査は人権侵害の疑いがある」（民主党市議・当時）との指摘もあり、札幌市教育委員会は調査用紙を配布、回収するアンケート方式に

校長が教職員から聴き取った主な服務規律調査項目

組合活動について

●（FAX、コピー機、電話、印刷機、パソコンなどを）職員団体用務で使用したか。使用しているのを見聞きしたか。

●勤務時間中に（校内または校外で行なわれた）職員団体主催の集会、会議等に出席したことがあるか。年休等の必要な手続きを取ったか。

●教研集会に参加したことがあるか。

●（会議室、教室等を）職員団体用務で使用したか。勤務時間中に使用したか。使用するのを見聞きしたか。

政治的行為について

●職員団体からカンパの要請を受けたか。カンパの集金をしたことがあるか。

●職員団体から特定の政党や候補者への支持目的のカンパと特定できるものはあるか。

●選挙活動に係る「指令書」と呼ばれる文書の存在を知っているか。

●「個別訪問」「ビラ配り」「チラシ配布」「電話かけ」を行なったことがあるか。

●学校内に特定の政党や候補者のポスターなどを掲示したことはあるか。

●これら（上記）の行為を見聞きしたか。

服務規律調査の主な結果

●勤務時間中に、職員団体用務で学校備品を使用した

→ 44 人

●勤務時間中に、職員団体主催の集会等に参加した

→ 1443 人（すべて年休取得）

●勤務時間中に、職員団体用務で教室等を使用した

→ 83 人

●「ビラ配り」「電話かけ」などの選挙活動を行なった

→ 54 人

●無回答の割合

→勤務時間中の学校の備品使用 13.1%、政治的行為 17.1%

●無回答の主な理由

→「職員団体への不当介入にあたる」「密告はできない」「職員団体に所属していないので、聴かれる筋合いではない」「職場での信頼関係を損ねる」など。

した。だが、道教委は調査を拒否した者に対し、職務命令も辞さない強硬姿勢で臨んだのだ。

しかし、このような調査は不当労働行為や団結権（憲法28条）の侵害にあたるだけではなく、思想・信条の自由（憲法19条）にも抵触する。実際に、地教委（市町村）や校長らからは調査に対する懸念や疑問が出された。なによりも、道教委は調査にあたって、不当労働行為への留意事項を提示するなど違法性を認識していたふしもあり、重大な問題を抱えたまま調査は強行された。ある教師は「不当労働行為ではないか」と問うたところ、道教委の主幹らに「何が不当労働行為だ。（お前は）そういう態度なのか！　調査拒否で報告する」と恫喝された。

なかでも、北教組の組織率が高い日高地方は重点的に調査が入った。特に飯山さんの場合は、ＦＡＸ送信や、勤務時間に食い込んだ分会長会議と町教委交渉への参加について、電話やＦＡＸの通信記録を突きつけられ、「誰に送ったのか」「送信時は年休を取ったのか」「分会長会議の参加者は誰か」など数カ月間に何度も聴取された。飯山さんは送信の事実は認めたものの、「不当労働行為であり、答える必要はない」と抗議し続けた。なぜなら、学校の機器使用には取り決めがあり、コピーは１枚10円、電話やＦＡＸは相当額を支払うことで校長と確認していたからだ。

また、勤務時間中の組合活動は本来「年休扱い」となるが、日常的に休憩時間が取れない現状に配慮して、学校運営に支障がなければ了承されてきた。これらは地教委との確認事項であり、飯山さんの行為は労使慣行に基づくものだった。飯山さんは「間違ったことはしていない」との確信を持っていたが、度重なる調査に、職員室の電話が鳴るたびに精神的圧力を感じるまでになった。

調査開始から半年後、飯山さんは職務専念義務違反で戒告の懲戒処分となる。処分辞令が発令されたのは、違法献金事件で民主党議員の辞職にともなう衆議院議員補欠選挙の投票日直前だった。補選は、自民党前職の町村信孝氏（当時）が当選をはたす一方、服務規律調査では6548人もの教職員が「服務上の注意・指導」の処分を受ける事態に発展した。

だが、飯山さんに対する処分は不当なものだった。飯山さんの処分を取り消した人事委員会の裁決は「地公法（地方公務員法）等に抵触するものとして懲戒処分該当性が認められる」としながらも、「（組合活動の）時間はいずれも最長でも10分にとどまるもの」で「直ちに懲戒処分するほどの違法性があるとはいえず、（道教委の処分は）裁量権を逸脱している」と断じた。

ところが15年7月、今度は地教委が職務専念義務違反の訓告処分を発令した。戒告処分取り消しに対する嫌がらせといえる。

一連の闘いを振り返って、飯山さんは「人事委員会は決して中立の立場ではない。処分の取り消しまではないと思っていた。だから(処分取り消しの裁決は)驚いたし、うれしかった。この処分はわたしだけの問題ではない。北教組をつぶす攻撃に負けたくないと自分を奮い立たせてきた」と語る。妻は全面的に協力してくれたが、母親(90代)は「処分を受けたのは悪いことをしたからだ」と理解を示してくれなかった。処分が取り消され、母親の誤解もとけた。飯山さんは「ほんとうによかった」と胸をなでおろす。

飯山さんや教職員への処分の背景には教職員組合への敵視政策がある(注2)。教育の国家統制を強化するためには職員団体を弱体化させる必要がある。国策に沿う教育を貫徹させるための常とう手段だ。北海道はその標的にされた。

自民党の「政策集2014(J-ファイル)」は、教職員組合(日教組等)の政治的中立の確保や、選挙活動、強制カンパ等の違法活動を防止すると謳っている。また、教職員組合に収支報告を義務づけ、違法活動団体には人事委員会の登録団体から除外するよう提言した。それを裏づけるかのように、下村博文文部科学大臣(当時)は14年4月に行なわれた旭川市での講演で北海道の子どもの学力や体力が全国下位であることに言及し、「北海道の教育には問題がある。一番の原因は北海道教職員組合にあり、北海道に求められるのは教育の正常化だ」とあからさまに述べている。

国が「教育の正常化」と位置づけた北海道。教職員に対する締めつけは服務規律調査に終わらなかった。

職務命令で強行された「全道調査」

6500人もの被処分者を出した服務規律調査後に行なわれたのが、会計検査院の「義務教育費国庫負担金」に関する勤務状況の実地検査（11年1月）だ。この実地検査には、自民党の強い働きかけがあった。実際に、自民党は「政策集2014（J-ファイル）」のなかで、北教組を名指しして会計検査院の実地検査の成果を強調している。公務員バッシングの世論を受けての「見せしめ」といえる。

会計検査院は道内209校の小・中学校に対し、ピーク時には調査官30〜40人規模で調査に入った。学校現場は震えあがった。検査対象となった学校では、『『やましいことは何もない』と（調査官に）言いましょう」と発言した教師に対し、校長が「お前！ 国の機関が（調査に）入るのに、そんなことできるわけがないだろ」と怒鳴り散らした。

この調査において会計検査院は、これまで「外勤」と認められてきたＰＴＡや研究諸団体の業務なども給与返還の対象にした。そして、勤務時間が守られていなかったとして、文部科学省に「不適切に支給された給与のうち、国庫負担金相当額について速やかに国庫への返還の措置を執る」よう求めた。不適切勤務があったと認定された教職員は６４７人。「不適切」とされた給与総額７０３万８２１８円のうち、国庫負担金相当分にあたる２３４万６０６７円が返還された。

給与返還の対象となった教職員が勤務する学校では、道教委の指示に従って、学校通信に地域・保護者への謝罪文を掲載した。ところが後になって、休息時間だったにもかかわらず、組合活動をしていたと認定され、給与の返還請求がなされていたことが発覚。この教師は道教委の謝罪と、地域への信頼回復を求めているが実現していない。

勤務実態調査はさらに続く。

今度は、文科省が会計検査院の実地検査を受け、11年11月に道教委と札幌市教委に対し、「教職員給与費の適正執行等に関する調査」（以下、全道調査）を行なうよう指示したのだ。調査は全道の小・中学校だけでなく、道費負担の道立学校にまで拡大された。調査内容は、

①勤務時間中の職員団体の活動、②勤務時間中の職務専念義務の遵守、③長期休業中における校外研修、④勤務時間の遵守、⑤主任手当の算定誤りの5つ。対象期間は06年度から10年度までの5年間で、道教委が提出を求めた関係書類は学校日誌、出勤簿、外勤簿、（校外）研修処理簿、機械警備記録など20種類に及んだ。書類上に不備や齟齬《そご》があれば管理職や教職員本人を呼び出して聴取する徹底ぶりだった。このような大規模な勤務実態調査は過去に例がない。

しかも、全道調査は職務命令によって行なわれた。地教委の教育長名で出された職務命令書には「事実に基づき誠実に回答する」ことと、「作成した事情聴取記録に記名・押印する」よう命じた。聴取に応じず、署名捺印を拒めば職務命令違反での処分も辞さないものだ。会計検査院の実地検査ですら、本人への聴取は「任意」であったことと比べても強権的だ。

学校現場には不安や動揺、戸惑いが広がった。聴取は授業中であっても設定されたため、授業時間の変更など学校運営に混乱が生じた。教職員からは「憲法で保障されている黙秘権（注3）はあるのか」との声があがったが、道教委は「供述を求めるのは違憲ではない」「黙秘権は刑事事件で使うので、そぐわない」「文科省が職務命令の指示を出している」「聴取に協力しなかったとして（道教委に）報告する」などとして聴取は強行された。

超過勤務の実態を無視

全道調査の聴取は教職員1人に対し、聴取者（道教委）と立会人（地教委）の1対2ないし1対3で行なわれた。聴取時間は一人あたり約30分。冒頭に「調査のなかで虚偽の部分、職務専念義務違反があれば、給与の返還、処分の対象になる」との説明を受ける。聴取は高圧的なものではなかったが、教職員の心理的負荷は重かった。なにしろ、過去5年間の勤務状況を聞かれても憶えているはずがない。加えて、校長の指示に従ったことが「不適切勤務」とされて調査対象にあがったからだ。

たとえば、勤務時間に関する調査。小・中学校の勤務時間は学校によって若干異なるが、おおむね8時から16時45分まで。聴取で問題になったのは、学校の機械警備（セコムなど）が勤務開始時間より遅く解除、ないし勤務終了時間より早く施錠されたケースだ。ある教師は運動会の当日、機械警備が16時22分に施錠された理由を聞かれた。校長の指示があったからだが、「23分早く退勤したのはなぜか」と追及されたのだ。

ところが、この日の機械警備が解除されたのは6時5分。運動会の準備のために、約2時間も早く出勤していた。この教師は「仕事はさぼっていない」との確信から、超過勤務の事実を聴取者に問い質したが、聴取者は答えられずに言葉に詰まったという。つまり、調査はこうした超過勤務の実態についてはいっさい触れずに、機械警備記録における遅刻、早退だけを問題視して「不適切勤務」と断じた。まさに、「処分ありき」の全道調査の本質がみえてくる。

教育公務員は一般の地方公務員と違い、勤務時間と休憩時間の線引きが難しい。学校の昼休みは給食指導の職務があるために、休憩時間は終業前の15時30分から16時30分などに設定されている。だが実際は、下校指導や校務分掌、部活動などで休憩時間は取れない。終業時間が過ぎても翌日の授業の準備などがあり、超過勤務は常態化している。当時の道教委の調査でも超過勤務が小学校で月78時間、中学校では月101時間に達していた。しかも教育公務員の給与は給特法（注4）で定められ、残業代は支給されていない。

こうした慢性的な超過勤務の実態を踏まえ、各学校では長期休業中の勤務時間を9時から15時までに短縮してきた。こうした配慮は、労働条件の改善に取り組んだ教職員組合の運動の成果であり、地教委や校長会も労使慣行として認めてきたことだった。ある小学校の校長は、「教職員が定時で帰れる日は年間1割にも満たない。（勤務時間の弾力化は）教職員のことを思い、校長の裁量として行なってきた。ゆとりがないと学校は動かない。それ（慣行）は道教委も承知していたはずだ」と全道調査を批判している。

一方、道教委は「超過勤務があるからといって（正規の）勤務時間を破っていいはずがない。ルールは守るべきだ」と全道調査の正当性を主張する。だが、過労死認定基準に達する長時間勤務をどう解消するかの具体的対策は示されていない。全道調査以降は、勤務時間の厳格化で長時間労働はさらに慢性化し、精神疾患で休職に追い込まれる教職員が増えた。当然、職場環境も息苦しくなった。ある自治体の教育長は夏休み期間中に抜き打ちで学校を訪問し、教職員の勤務実態を監視した。ほかにも、教材を購入する外勤すら、「教師が日中に町をウロウロするのはまずい」との理由で許可されなかったり、「夏休みに年休を取っても町をうろつくな」と校長から指示が出るなど過剰ともいえる規制がかかるようになっている。

組合活動への支配介入

全道調査の聴取は勤務時間に関することだけではない。他にも、「ＰＴＡ会計業務の内容は何だ」「養護教員総会の内容は何か」「研究大会の出席、内容、所要時間はどのくらいか」など多岐にわたった。長期休業中の校外研修に関する聴取では、図書館の休館日のために、代わりに学校で行なった研修が、研修先の変更届を出していなかったことを理由に無断欠勤とされた。

なかでも、聴取が執拗だったのは勤務時間中の「職員団体の活動」に関するものだった。ある教師は、聴取者から「学級日誌に『14時20分組合交渉』と記載があるがどうか」「交渉には参加したのか」「年休は取得したのか」などの質問を受けた。この教師は「組合活動のことを聞くのは不当労働行為だ。組合活動は校長の承認を得て労使慣行としてやっている。一方的に不適切と決めつけるのはおかしい」と抗議している。

繰り返すが、勤務時間中の組合活動は本来「年休扱い」だが、休憩時間すらまともに取れない勤務実態を考慮して、業務に支障がなければ認められてきた。これは地教委も承認してきた労使慣行だ。ところが、道教委は全道調査にあたり、これまでの労使慣行について「(地教委の) 誤認があった」として認めない方針に切り替えた。そのために、地教委の都合でやむなく勤務時間内に行なった組合交渉ですら、調査では「不適切」とされた。

道教委と札幌市教委は13年3月、全道調査の結果を公表し、不適切勤務があったと認定した教職員3909人を懲戒処分や訓戒措置とした。不適切勤務とされたのは、おもに「長期休業中(夏休みなど)における遅刻と早退」「届け出のない校外研修」「勤務時間中の組合活動」などだ。処分にあたり、両教委はこれらの不適切勤務に伴う給与の過払い分として、454人に対し総額8737万7000円の返納を求めるとともに、処分対象の教職員の人事評価をD評価にした。

だが、この全道調査は教職員の勤務実態を適正に評価したものではない。むしろ調査は、当初から教職員の「処分」を前提にしたものであり、教職員組合を敵視する政治的思惑に満ちたものだった。処分辞令の交付では、処分対象の教職員を教育長、部長、次長、課長、校長らが取り囲み、直立不動の姿勢で謝罪を強要した。処分辞令の受け取りを拒否した教員には「道教委に報告する。とんでもないことになるぞ!」との脅しがあったという。

全道調査をきっかけに、組合活動に対する政治的な圧力も強まった。道教委は14年度から服務担当職員を7人から10人に増員。再発防止策として、すべての小・中・高校の「勤務状況実地調査」に踏み切っている。

北海道の教育は、度重なる政治介入に翻弄されてきた。民主党政権が誕生した09年の衆議院選挙では、ある道立高校の公民の授業で選挙公示日の『北海道新聞』社説が教材で使用された。これに対し、自民党の道議会議員が「偏った資料だ」と指摘。道教委は「一つの新聞社のみの社説の活用は不適切な指導」として授業の実態調査を行なった経緯がある。

その後も道議会での追及が続く。たとえば、組合掲示板。ある小学校の職員室の掲示板に「学力テスト実施反対」のビラが貼られていたことが問題視されたのだ。これを受けて、道教委は掲示板を校長の許可制とし、設置場所を「生徒・保護者その他一般来校者の目にふれにくい場所とする」と制限した。掲示内容についても「政治に関するもので、学校、教職員の政治的中立性について疑いを抱かしめるおそれのあるもの」などを禁止した。

それだけではない。議会では「体育実技でもないのにジャージや短パンで授業をしている」「校内をスリッパやサンダル履きでペタペタ歩いている」など教職員の服装にもチェックが入った。道教委は「不審者の侵入や地震や火災などの緊急時に適切な対応ができない」などとして、教職員の服装に関するアンケート調査に踏み切った。実際に、女性教師の髪形やピアスの着用が指導される事態にまで発展している。

こうした締めつけによって、学校現場には無力感や閉塞感が蔓延している。学校内での組合活動は事実上できなくなり、職場では分会会議すら開けない。学校外の施設を利用するにも、多忙化のためにすべての組合員が集まるのが困難となり、職場の悩みや問題意識を共有することができなくなった。組合事務所からのＦＡＸ通信記録もチェックされるなど管理が徹底されている。職場で組合加入のチラシを配布したところ、非組合員から「本当に配るの？」と冷やかに言われたり、組合役員になったのを理由に学級担任から外されたケースも起きている。この教師は「この頃同僚の目が気になる。学校は協働性や同僚性が必要な職場なのに、それがなくなりつつある」と話す。教師同士のつながりが破壊される一方、組合員であることが非難の対象になりつつあり、脱退する組合員も出はじめている。

教育行政が「密告」を奨励

教職員組合への政治的圧力と連動するように、道教委が導入したのが「学校教育における法令違反に係る情報提供制度」である。これは、学校と教職員の法令違反行為に対して、道民から情報提供を求める通報制度だ。違反行為とは「学習指導要領に基づかない指導」

と「政治的行為」で、提供された情報を調査して「適切な措置」を取る。つまり、地域や保護者、同僚からの「密告」をもとに教職員の処分を可能にする制度だ。

制度導入の目的について、道教委は「(北教組幹部の起訴で失った道民との)信頼関係の大前提となるのは教職員の法令順守だ」としたうえで、「任命権者の責務を果たすために必要な情報を得て、学校運営の適正化につなげたい。学校教育に対する道民の信頼回復にしたい」としている。

だが、密告を奨励して信頼関係など構築できるのか。むしろ、さまざまな弊害が指摘されている。学習指導要領の拘束が強まることで、教科書以外の教材を使った授業はやりにくくなる。平和や人権学習の教育課程の編成にも支障が出ている。独自の教材を使用して、戦争の悲惨さを取り上げた平和教育は偏向教育と解釈されるおそれもある。実際に、地域社会と連携して行なってきた平和作品展に展示する作品(絵)を授業中に創作できなくなった。空襲体験を聞く授業を校長が監視したり、「学習指導要領外の授業だ」と認められない傾向にある。ある教師は「校長が道教委や地教委から圧力を受けていて、(平和教育を)やらせないようにしている。『教室から戦争が始まる』を実感する」と語る。

一方、政治的行為に関してはどうか。教育公務員は政治的中立性の原則から、政治的行為の制限は国家公務員と同等と規定されている。したがって、特定の政党を支持あるいは反対したり、政治目的のために職権を利用することなどは禁止されている。しかし、通報制度は拡大解釈を誘発する危険性がある。たとえば、反原発の市民集会に参加しただけで「政治活動をしている」と通報されかねない。組合の署名活動をはじめ、選挙の演説会場にも行けなくなるだろう。教職員を四六時中監視するに等しい。思想・信条の自由とともに、市民としての自由も制約される。通報された教職員は地域社会で「被疑者」扱いされるだけでなく、家族も誹謗中傷の対象にされるかもしれない。

なにより、通報制度の最大の問題点は「違反行為がまさに行なわれようとしている」段階での情報提供も認めていることだ。これでは「『日の丸・君が代』の強制には反対だ」と意見しただけで、卒・入学式での「不起立」行為とつなげられて通報される可能性がある。ある教師は「教育課程の問題に保護者を巻き込みたくない。通報制度で保護者との信頼関係も壊れ、いつ踏むかわからない地雷を抱えている状態だ」と困惑する。

しかも、通報制度の情報提供者は非開示だ。そのため教職員も相互監視をするようになる。組合ニュースを作っていた教師は、非組合員の同僚から「まずいものを見てしまった」と真剣な表情で言われた。個人的な遺恨が悪意の「密告」につながることもあり、職場は疑心暗鬼に包まれている。

人事評価制度がそれを助長する。校長から「君は将来の幹部だ」と言われた教師が「ゴマすり」になり、「あんたは仕事しないな」と同僚を非難する者も出てきたという。ある教師は「管理職の顔色をうかがう人が増えた。教師の『小役人化』だ。自分で判断できない先生が子どもを指導できるのか」と現在の職場状況を批判する。

すでに、学校現場では悪い影響が出ている。児童・生徒と保護者、教職員を対象にした「体罰調査」では、道教委が「学校は体罰を隠ぺいする」と不信感をあおり、教育委員会に封書で直接届けるよう求めた。これも通報制度同様の密告の奨励だ。その結果、教職員が身に覚えのない体罰で告発されたケースもある。このままでは児童・生徒、保護者、教職員間の相互不信や対立を生みかねない。

通報制度は、北海道の教育現場に必ず禍根を残す。信頼関係が破壊されたところに、学校教育など成り立つはずがないからだ。

国家統制に組み込まれる子どもたち

「日の丸・君が代」をめぐっては、東京都や大阪府同様に強制の流れが強まっている。起立斉唱しない教職員を校長が個別に面談。ある教師は、校長から、『これ（面談）は道教委の指示だ。（道教委から）納得させるまで何度でも呼んで指導しろ』と言われている」と説明を受けた。すでに、道教委は不起立のあった管内の状況調査を行ない、「日の丸・君が代」の指導を徹底するよう通知している。そして、「一部の先生が起立しないことに違和感がある」などの保護者の声を引用し、地域社会を巻き込んだ統制を強めている。

授業内容への介入も進んでいる。たとえば、音楽の授業。道教委は13年の卒業式において、小学校の4割、中学校の6割で「ほとんどの児童生徒が国歌を十分に歌唱しているとは言い難い状況」だったとし、指導徹底を通知した。道教委の指導主事が学校を突然訪問し、『『君が代』指導の授業を見せろ」と迫ったケースもある。この学校では、その学期に「君が代」の指導が教育課程で計画されておらず、急きょ国語から音楽の授業に切り替わるなどの混乱が生じている。

また、歌唱の指導では「君が代」の歌詞を理解して気持ちを込めるなどポイントが細かく規定されている。たとえば、発声は「きみがーよーは」の部分を「気取って王子様のように歌うこと」「曲にふさわしいイメージを持たせることが大切」などだ。通し練習では「声が響いていないときには、すぐに演奏を中断するなどして、国歌の大切さを改めて伝えたり、部分練習をしたりする。声が響かないまま最初から最後まで通して歌わせることは避ける」と解説されている。そのほか「楽譜をもとに歌詞、音程、声質、息つぎ、強弱、音形を確認しながら歌うことが大切」と指導方法も明記されている。

卒・入学式の事前練習では、校長自らが生徒を集め、「君が代」斉唱の指導を行なう学校もめずらしくない。「子どもは大声で歌っていたか」など歌唱状況のチェックも強化されている。

実際に、「君が代」の指導をめぐっては、生徒から「君が代」の意味を問われて「好きではない」と返答した教師が、「生徒に『君が代』を歌うなと指導した」と地教委から追及された。この教師は『歌うな』とは一言も言っていない」と何度も主張したが、「まちがったこと（指導）をしたと認めろ」と何度も謝罪を迫られたという。また、小学校では「先生、この歌（君が代）やめて」と耳を押さえた児童の担任が呼び出され、「お前が（『君が代』を）嫌いになるように指導した」と叱責されている。

道東の中学校の卒業式（14年3月）では、校長の発言が波紋を呼んだ。校長は式辞において、日本と日本人が世界から評価、賞賛、期待されている事例を述べたうえで、「国旗と国歌に誇りを持ち、我が国を愛する心と、その名に恥じない、品格のある、堂々たる人生を積み上げていってほしい」と発言。そのうえで、「中華人民共和国による尖閣諸島の領土侵犯」、「大韓民国による竹島の不法占拠」、「ロシアに不法占拠されている北方領土」、「北朝鮮による日本人拉致事件、弾道ミサイルの発射や核実験」といった国際情勢に触れ、「そのような野蛮な国々に囲まれる中、最前線で我々を守ってくださっている自衛隊や警察の皆様に、心より感謝申し上げるとともに、我が国の誇りであり、まさに武士道精神を体現されている自衛隊や警察の方々をこうして（卒業式に）お招きできましたこと、たいへんうれしく存じます」と結んだ。

卒業式の式辞としては踏み込んだ政治的内容に、出席した保護者からは驚きの声があがったという。しかも、この式辞は学校通信に全文が掲載され、自治会に配布された。第1次安倍内閣で成立した新教育基本法の愛国心教育を意識した発言といえる。

以前なら、このような校長の発言は大きな問題に発展する内容だ。だが、「命令と服従」による管理統制によって、教師はものが言えなくなった。すでに、若い教師は初任者研修などで管理職に従順になるよう徹底して指導される。ある教師は「校長に意見することが職場の規律を乱していると捉えられ、『悪い教師』のレッテルを張られかねない」と学校の重い雰囲気を明かす。教師は多忙化のなかで、自分たちが置かれている職場状況や、子どもたちへの教育内容について考える余裕を奪われている。教師が思考停止に陥れば、「戦争する国」に向けた教育は容易に浸透するだろう。その教育の当事者は子どもたちである。文科省を頂点に、教育行政、管理職と続くピラミッド型の国家統制に子どもたちも組み込まれている。安全保障関連法制が成立し、憲法改定が現実味を帯びるなかで、教職員組合が掲げてきた「教え子を再び戦場に送らない」との誓いは揺らぎかねない状況だ。

「学校は教育の場でなくなっているのを感じています。まさに、戦争するための洗脳の場に変えられつつあります。教員も、保護者も、子どもたちも……」

これは、北海道の小学校教師の心の叫びである。

北海道の学校現場は、政治介入によって、2010年からわずか3年の間に「命令と服従」の教育に支配され、現在に至っている。教師は教育者としての自主性と裁量を奪われ、密告や処分によってがんじがらめにされている。その爪あとはあまりにも深い。

教育への政治介入の最大の犠牲者は、子どもたちであることを忘れてはならない。

注1　違法献金事件では北教組幹部に禁固4月執行猶予3年と、北教組に罰金50万円の有罪判決が確定している。

注2　道教委は教員の人事異動に際し、校長に「組合加入の有無」を調査させていたことが発覚。ある教師は「校長たちは道教委の指示ならば違法行為（不当労働行為）でも平気でやる。彼らも断罪されるべきだ」と憤る。

注3　憲法38条「何人も、自己に不利益な供述を強要されない」

注4　「国立及び公立の義務教育諸学校等の教職員の給与等に関する特別措置法」。教職員には原則として正規の勤務時間を超える勤務は命じないものとする。教職員に時間外勤務を命じる場合は①生徒の実習に関する業務、②学校行事に関する業務、③教職員会議に関する業務、④非常災害に関する業務に限るとされている。

第7章 貧困と格差の安上がり教育・上

学生が「借金地獄」に
奨学金はいったい誰のものか

返済すべき奨学金の総額が650万円を超える若者がいる。

矢野和彦さん（仮名、25歳）は東京都内の私立大学に在籍する大学院生である。現在は博士（博士後期課程）1年生。専門は会計学の財務会計・経営分析だ。

矢野さんが利用している奨学金は、独立行政法人日本学生支援機構（以下、支援機構）が運営する奨学金だ。借りた金額は、大学1年生と2年生のときに月額6万4000円、3年生からの2年間は月額12万円に増額した。そして、大学院の修士課程（2年間）は月額8万8000円だった。

矢野さんは博士1年生で運よく大学の助手に採用された。助手になると奨学金は借りられなくなるが、毎月20万円ほどの収入になる。それまでの矢野さんの月収は、大学での授業補助のアルバイトで得る5万7000円と、奨学金を合わせた14万5000円ほどだった。矢野さんは「よかった」と胸をなでおろすが、それでも多額の奨学金をどう返していくかの不安はつきない。

厳しい家庭環境のなかで

学費の高額化が問題となって久しい。

大学の初年度納付金は国立大学の81万7800円に対し、私立大学の平均額（2016年度）は131万6816円（定員1人当たり）と約50万円の差がある。私立大学の高学費の要因の一つに、国の私大経常費補助の縮小がある。私立の大学と短期大学の学生数は全体の74・4％（15年度）を占める。だが、私大経常費補助は3152億5000万円と、国立大学法人運営費交付金の1兆1006億円（いずれも15年度）と比べて大きな開きがある。学生1人当たりの補助額は国立大学では180万円だが、私立大学は14万円にとどまる。補助の割合も1980年の29・5％（最高値）から14年には10・1％にまで落ち込んだ。

東京地区私立大学教職員組合連合（東京私大教連）が行なった「私立大学新入生の家計負担調査」（16年度）によると、自宅外通学者の「入学の年にかかる費用」は、仕送り額などを加えると約293万になる。なかでも、「6月以降の仕送り額（月平均）」は8万5700円と最低額になり、仕送り額から家賃を差し引いた学生1日当たりの生活費も790円と最も低くなった。東京私大教連の調査では、学費の負担が重いと感じている保護者は9割に達する。学費や生活費を賄うための奨学金制度は、必要としている学生や保護者にとって不可欠のものだ。

一方、日本の公的奨学金である支援機構の奨学金利用者は132万人（高等教育機関・15年度）に上り、2・6人に1人が奨学金を借りている。支援機構の奨学金には第1種と第2種がある。第1種は無利息で貸与する奨学金で、第2種は有利子奨学金だ。貸与人数（15年度）は第1種の約48万7000人に対し、第2種は約83万7000人と圧倒的に有利子奨学金の方が多い。後述するが、支援機構の奨学金はそのほとんどが貸与型であるために卒業後は返済しなくてはならない（注1）。かりに、第2種の月額12万円を4年間借りると、返済額は約775万円（上限利率3％）にもなる。高い学費に加え、卒業時にこれだけの借金を背負うこと自体が異常だ。

冒頭で紹介した矢野和彦さんは父親を知らない。物心がついたときには、母親と妹の3人家族だった。だが、矢野さんが小学校に入るとまもなく、妹とともに児童養護施設に保護された。小学6年生からは里親に預けられ、中学卒業後は公立の商業高校に進学した。そこで会計や簿記に興味を持つようになった。そして、矢野さんは大学の商学部に推薦入学する。高校卒業と同時に里親のもとを離れるため、奨学金は大学に進学するために必要だった。学生生活は奨学金とアルバイトで賄い、学費は生活を切り詰めて貯めたお金と、大学から成績優秀者に支給される50万円（年間）を充当した。

矢野さんが大学4年生のとき、疎遠になっていた母親が病に倒れた。身体は不自由になり、会話もできなくなった。現在は施設に入所し、生活保護を受給している。最近はめったに顔を合わせることはない。矢野さんは後になって、母親が幼少時に両親から育児放棄された事実を知る。矢野さんもまた、自分が周囲と違う家庭環境にあることでつらい思いを抱いてきた。経済的に苦しくとも大学進学にこだわったのは、お金がない理由で将来が閉ざされてしまうことに納得がいかなかったからだ。ゼミやサークル活動を通して、いろんな人たちと交流したい、もっと世界を広げたいとの気持ちが強かった。大学院に進んだのも、会計学を探求したいという思いからだ。矢野さんは「企業や大学、法人の経営分析を通して、弱者が不利益を被っていないか、生活者の視点で問題点を明らかにするような研究者になりたい」と抱負を語る。

その一方で、不安もある。現在は、埼玉県内のアパートで妹（22歳）と二人で暮らしている。その妹も奨学金を借りて専門学校を卒業し、社会人となった。家賃（5万円）や食費、水道光熱費は折半で負担するが生活は厳しい。

矢野さんは「奨学金も６００万円を超え、返済期間も20年になる。将来、研究職に就けるのかもわからない。たとえ職に就けても奨学金を返済していけるのか二重の不安がある」と胸の内を明かす。奨学金の負担が研究者を目指す若者に重くのしかかる。

教育の機会均等（憲法26条）の精神は生かされているのだろうか。

暗い影を落とす大学改革

全国大学院生協議会（全院協）の「大学院生の研究・生活実態に関するアンケート調査報告書」（16年度）によると、全体の59・６％が奨学金を借り、そのうち５００万円以上の借金を負っている大学院生が21・９％いることがわかった。奨学金の総額が１０００万円以上になる院生も３・１％おり、経済的な問題だけでなく、就職に不安を感じる割合も74・６％を占める。

後藤克行さん（仮名、29歳）は、16年に一橋大学大学院の博士課程を修了した。専門は経済学で、研究分野は労働経済学・社会政策だ。博士号を取得しても、すぐに安定した職に就けるわけではない。むしろその大半は、非常勤講師という低賃金かつ不安定な雇用条件で、専任教員になるための教育歴を積まなければならない。一般的に、非常勤講師の授業1コマあたりの賃金は2～3万円。複数の大学の授業を掛け持ち、精いっぱいスケジュールを埋めても年収は300万円程度だ。したがって、多くはそれ以下の収入だ。しかも、社会保険には加入できず、突然の雇い止めもある。

後藤さんは、博士3年生のときから福祉専門学校の非常勤講師をしている。担当する教養科目は半期で6授業。1コマの賃金はわずか7000円だ。当然、授業のない月もある。そのため、大学院生のときから続けている病院の夜間当直のアルバイトをしている。その収入も月10万円程度。経済的には大学院生のころよりも厳しい。そうしたこともあり、奨学金という多額の借金を意識したのは最近のことだ。

後藤さんは大学院に進んでから支援機構の奨学金（第1種）を利用した。修士課程の2年間は月額8万8000円（総額211万2000円）、博士課程の3年間は月額8万円（総額288万円）を借りた。そのうち、博士課程の奨学金は成績優秀者として返還免除が適用された。それでも200万円以上の借金が残る。奨学金の返済は博士号を取得した翌月から数えて7カ月目からはじまる。後藤さんの場合、月1万2571円を14年かけて返済する。だが、現在の収入では返済は困難なために、支援機構に「返還期限の猶予」（注2）を申請した。その猶予期限も10年間が限度だ。その後は減額返還（2分の1）も可能だが、その適用期限も10年間だ。そうこうしているうちに、返済の完了は50歳を超えてしまう。後藤さんは「日本育英会（支援機構の前身の組織）のときは、教員や研究職に就けば返済が免除されていた。国は教育に予算をつけなくなった。就職できれば返済の見込みが立つが、非常勤のままではどうやって奨学金を返すのか見通しが立たない」と話す。

実際に、非常勤講師の職にすら就けずに、長期間にわたって学習塾などでのアルバイトに従事する人もいる。だが、塾講師では教育歴がつかないためにますます就職は困難になる。全院協のアンケート（自由記述）でも「奨学金の返済が不安。結婚は考えられない」「30代後半で博士号を取得しても、社会では必要とされない。大学や研究機関に応募書類を送っても1次選考すら通らない。この年齢（35歳）では一般企業も年齢制限で応募も不可。希望が見えない」「正規の就職先が少ないので博士後期課程の進学は断念した。将来の人生設計や奨学金の返済を考えて研究者の道を断念し、民間企業に就職した」「（奨学金の）貸与額が大きいので、自己破産したい。将来を悲観して自殺を考えている」との声がある。「高学歴ワーキング・プア（働く貧困層）」と呼ばれる無業者や進路不明者も生まれているのだ。

そうしたなかで、安倍政権が進める国立大学改革が暗い影を落とす。

下村博文文部科学大臣（当時）は15年6月、「国立大学法人等の組織及び業務全般の見直しについて」において、「特に教員養成系学部・大学院、人文社会科学系学部・大学院については、18歳人口の減少や人材需要、教育水準の確保、国立大学としての役割等を踏まえた組織見直し計画を策定し、組織の廃止や社会的要請の高い分野への転換に積極的に取り組むよう努めることとする」と通知した。イノベーションの創出に向けて、高い技術力、発想力、経営力を兼ね備えた理工系の人材育成へのシフトだ。これを受け、各国立大学では文系学部の再編や定員削減が検討されはじめている。すでに、国立大学は文科大臣が承認した中期目標（6年間）に沿った大学運営を強いられている。各大学は「世界最高水準の教育研究」「全国的な教育研究」「地域ニーズに応じた人材育成」の3つの区分から、それぞれの強みや特色を出し、社会的役割を果たすよう求められている。運営費交付金に競争的資金を導入し、研究や改革の内容を評価して重点配分する。国家的要請に応じた、資金の「選択と集中」だ。そうした国の方針は、研究者のポストにも大きな影響を与えそうだ。

前出の後藤克行さんは、終身雇用が崩れた後の日本社会のありように関心を持ち、研究者の道を選んだ。だが、研究分野の労働経済学は専任教員の募集は少ないという。一つのポストに50人〜100人の応募が殺到することもある。一方、大学側は学生を確保するために、人気ある科目に専任教員のポストを増やす傾向にある。たとえば、後藤さんが専門とする経済学では、金融論やマーケティング論、国際経済学といった分野だ。そうしたなかで、国立大学の文系廃止や縮小は研究者の死活問題になっている。

後藤さんは「企業の発展に役立つような研究が優先され、経済発展との関係性が見えにくい学問は淘汰されていきそうだ。目先の成果を求める傾向が強く、基礎研究は経済学でもポストがなくなっている」と語る。

近年の日本人のノーベル賞受賞は、数十年という基礎研究の積み重ねから実を結んだものだ。だが、成果主義の影響から地道な研究は敬遠され、大学院生も就職に有利な研究を選ぶようになっている。成果が上がらないと見なされた研究は、ポストの欠員補充をされないまま縮小されていく。そうなれば、ますます専任教員の道が狭まり、将来の生活設計や奨学金の返済に響いてくる。すでに、文系では研究者のなり手が減ってきているが、最近では理系でも一部の研究だけに資金が集中し、文系と同様の現象が起きているという。

そこで懸念されるのが、安倍政権が導入した防衛省による「安全保障技術研究推進制度」

だ。大学を軍事研究に誘導するもので16年度の6億円に対し、17年度予算では110億円が計上された。大学からの応募ではこれまで9件が採択されている。日本学術会議は、科学者の戦争協力の反省から「軍事研究を行なわない」とした1950年と67年の声明を「継承する」としたが、政府による研究への介入は大きな懸念材料だ。一方で、関西大学や、明治大学、法政大学などは軍事研究を禁止する方針を示している。

奨学金を返済している非常勤講師(40代、文系)は「背に腹は代えられない。食えなくなった若手の優秀な研究者が（軍事研究に）手を挙げるようになる。安定した地位にいる専任教員が『君たちの研究が人を殺すことになるかもしれない。研究者の良心はないのか』なんて批判しても、『あんたは定年までしっかり給料をもらえるではないか。そんなこと言うならわたしたちの生活費をあんたが出せ』と言いかえされるだろう。研究者の分断にもつながる」と危機感を表し、文系廃止については「鉄腕アトムを開発した天満博士のような人に資金をつぎ込めば素晴らしい進歩がある。彼ら（安倍政権）が考える学問の世界は極めて単純でマンガの世界のようなものだ。イノベーションは理系だけの話ではない。人文科学がなくなれば学問全体が壊れて、科学技術立国は成り立たなくなる。学術リテラシーが低すぎる。こんなことをしていたら先進国から脱落する。（安倍首相は）日本の繁栄を破壊した総理として、歴史に名を残すだろう。改善するには、与野党を含めて根本的な策を講じる必要があり、そのためには議員の学術リテラシーが上がらなければ話にならない」と語気を強めた。

奨学金返済の現実

現在、非正規雇用は２０００万人を超え、全体の４割近くを占めている。さらに、労働者派遣法の改悪で不安定雇用はさらに拡大しそうだ。

雇用の不安定化は、奨学金の返済にさまざまな歪みをもたらしている。

労働者福祉中央協議会が15年に行なった「奨学金に関するアンケート調査」によると、奨学金の借入総額は平均３１２万９０００円で、奨学金返還を「苦しい」と感じる人は正規雇用で37％、非正規雇用では56％となった。生活設計への影響についての記述には、「せっかく大学を出ても地元では就職先が無いので、選べない。やっと就職したと思っても安い給料で、自立すらできない。進学前は希望でも卒業時は絶望に変わった」（28歳男性、非正規）、「奨学金と出会って10年が経ちますが、頭から離れたことはありません。奨学金返済のためにあきらめなければいけないこと、失ったものはたくさんあります。こんなにも悩むとは思っていませんでした。夢はかないましたが、本当に辛い日々です」(27歳女性、非正規)とある。

調査では、奨学金の返済が「結婚」に影響したと回答した人(34歳以下)は、500万円以上借り入れた正規雇用で50%、200万円以上借り入れた非正規雇用で48%にのぼる。広がる非正規雇用と、高い教育費負担が生む将来の不安。この現実をみれば、アベノミクス「新三本の矢」の「希望出生率1・8」の実現など詐欺的公約であろう。

奨学金返済の厳しさはまだある。奨学金の返済は貸与終了して半年後に銀行口座からの引き落としがはじまるが、返済を3カ月以上滞納すると個人信用情報機関に登録されてしまう。つまり、奨学金の「ブラックリスト化」だ。登録されるとローンなどは組めなくなり、人生設計の全般に大きな影響を及ぼす。登録者数は15年度で2万350件(制度開始の10年度は4469件)となった。ブラックリスト化の導入にあたっては、「奨学金の返還促進に関する有識者会議」(08年6月)が「延滞者への各種ローン等の過剰貸付を抑制し、多重債務への移行を防止することは、教育的な観点から極めて有意義」(傍線筆者)と提言した経緯がある。

延滞が4カ月以上になると、サービサーと呼ばれる債権回収会社からの督促がはじまる。債権回収会社は回収率によって報酬が支払われる。回収率を上げるほど利益が見込める仕組みだ。滞納には延滞金（年5％）（注3）が加算される。延滞者にも返還の猶予制度が適用（14年度から制度化）されるが、この延滞金が重い負担になっている。返済は延滞金、利息、元金の順に充当されるからだ。支援機構の調査（15年度）では延滞者の77・1％が年収300万円未満だ。延滞がはじまったきっかけも「家計の収入が減った」（76・1％）が最も高く、延滞が継続している理由では「本人の低所得」（67・2％）が高い数値を示した。低収入のために、返したくても返せないのが実態だ。

滞納の主たる要因が経済的困窮にもかかわらず、延滞が9カ月を超えると民事訴訟法にもとづく法的措置に移行する。支払督促申立予告からはじまり、裁判所への支払い督促申立、仮執行宣言付支払督促申立、強制執行の順に手続きが取られる。15年度の支払督促申立件数は8713件で、訴訟（異議申立）に移行した件数は5432件だ。給与を差し押えた強制執行の件数も498件（15年度）に上る。支援機構は「（一連の回収強化策は）奨学金を借りるときから、学生に返済を意識させるものだ。延滞を防ぐ防止効果もある」とする一方、「返還の猶予期限を延ばす改善（5年から10年）や、3分の1（現行2分の1）

の減額返還も検討している。延滞を早期に解決する取り組みをしている」とする。

こうした回収強化は一部の悪質な滞納者に限定した対策ではない。これがはたして「教育的な観点から有意義」な対策なのか。教育事業としてはあまりに重い社会的制裁ではないか。もはや、奨学金を借りることは「人生の賭け」となっている。

大森敏明さん（仮名・31歳）は現在、奨学金を返済している。毎月の返済額は2万2442円だ。大森さんは妻と子ども（4歳と1歳）の4人家族だ。会社員の大森さんの年収は約300万円。福祉関係の仕事をしている妻の収入を合わせると600万円ほどになる。だが、生活はけっして楽ではない。アパートの家賃は8万1000円、食費や光熱費などの生活費は月に20万円ほどかかり、子どもの保育料も月額4万円になる。貯蓄に回せるお金はほとんどない。

実家は裕福ではなかった。親は高校卒業後の就職先に自衛隊を勧めた。だが、大森さんは外国語に興味があり、どうしても大学に進みたかった。進学にあたって、月額10万円の奨学金（有利子）を4年間借りた。学生生活は奨学金とアルバイトで生計を立てつつ、実家に仕送りもした。経済的に余裕がなく、留学と研究職の夢は諦めた。

就職して奨学金の返済がはじまった。毎月きちんと返済してきたが、それでも銀行口座の残高不足が数回あった。そのたびに債権回収会社から督促の連絡が入った。仕事中でも、携帯電話にかかってくるので精神的な負担は重かった。

奨学金の回収が強化されていることについて、大森さんは「すごい時代に生きていると思う。生存競争ではないが、社会全体にも（奨学金を）払えない人は訴えられても仕方がないという考えが広がっている。支援機構が裁判に強硬に出るのもそういう背景がある。強権的な回収の情報を聞くと不安になる。貧困の連鎖で再チャレンジもできない。（奨学金を）返すのは当たり前だが、教育税といったような税金と同じ感覚だ。せめて（教育を受ける）スタートラインは平等であるべきだ。欧州諸国のように学費無償の社会にしてほしい」と訴える。

大森さんの奨学金の返済完了は30年7月だ。現在の職場の業績はけっしてよくはなく、払い続けることができるのか不安の日々は続く。

教育事業から金融事業へ

教育事業であるはずの奨学金が、なぜ負担の重いものになったのか。それはまさに国策によるものだ。

日本の公的奨学金は、支援機構の前身である日本育英会のときから民間の教育ローンとの競合を理由に改悪されてきた。本来の奨学金は、返済の必要のない給付型か、貸与であっても無利子が基本だ。だが、無利子（第１種奨学金）しかなかった日本育英会の奨学金は１９８４年に有利子（第２種奨学金）枠が設けられ、その性格は大きく変わった。有利子とは学生の学費から利ザヤを稼ぐ「奨学金のローン化」である。教育の「受益者負担」のもとでローン化と学費の値上げが進み、教育職に就いた場合に適用されてきた奨学金の返還免除制度もなくなった。04年には小泉政権による特殊法人改革によって日本育英会が廃止され、「官から民へ」の構造改革路線のなかで支援機構が発足した。奨学金事業も市場化の流れのなかで、金融事業の性格を強めていく。それが市場性資金の導入だ。

支援機構の奨学金貸与事業費（15年度）は1兆６３８億円。そのうち第１種奨学金は３１５８億円だが、第２種奨学金は７４８０億円と規模が大きい。第１種奨学金は主に政府貸付金と返還金で構成されるが、第２種奨学金の原資は財政融資資金の借入れや、財投機関債（日本学生支援機構債券）を発行して賄う市場性資金だ。債券を発行して金融市場から資金を調達するには、延滞率を下げて市場からの信用を高めなければならない。低利の資金調達が困難になると、収益の悪化につながるからだ。そうなれば、機構の存在自体が危うくなる。これが法的手段を使ってでも取り立てる背景だ。実際に、ブラックリスト化を打ち出した10年度に2％を占めていた延滞率は、15年度には1・4％に下がっている。市場性資金を導入した時点で、この金融システムから離脱できなくなったのだ。

奨学金問題に詳しい聖学院大学の柴田武男教授（金融市場論）は「奨学金問題の本質は入口と出口の違いから生じている。入口でいえば、支援機構の金利は優等生だ。学資ローンにしてもこんな低利（注4）で貸すところはないし、18歳の若者に対して返済能力も問わない。そこは奨学金の論理だ。ところが、奨学金を返す出口の段階になると金融の論理で取り立てている」と指摘する。

支払督促申立の法的措置に移行すると、支援機構から奨学金の未返済分と利息、延滞金が一括請求される。一般的に、消費者金融などから借金をし、返済が困難になりつつある場合、債務者は裁判所が仲裁する特定調停や、代理人弁護士による任意整理で金利などの借金を減額することができる。貸金業法13条（過剰貸付の禁止）にもとづいている。しかし、支援機構は貸金業ではなく適用されない。支援機構は「返還金は奨学金の原資に充てられる。9割以上のひとがきちんと返還している。公平性の観点からも返還金を減らすことはない」と話す。

これに対し、「埼玉奨学金問題ネットワーク」事務局長の鴨田譲弁護士は「滞納者であっても、奨学金のおかげで大学に行けたと感謝する人は多くいる。だから、元金だけはがんばって返したいとの思いも強い。だが、一括請求で負担が重くなるのは延滞金があるから。延滞金は1円もまけない。(支援機構は)返したいという本人の気持ちに応えていない。一括請求されて払えなければ破産手続きしかない。奨学金で破産すること自体が問題だが、本人が破産しても親族が保証人にとられている」と深刻な実態を語る。

奨学金は本人が借りて返すものだが、返済できないときは連帯保証人や保証人(親や親族)に請求される。親族との関係悪化を恐れて自己破産すらできないケースもある。請求された保証人も返済できなければ、貧困の連鎖は親族にも及ぶ。奨学金は返済能力の審査を経ずに貸すという点で、消費者金融とは根本的に違う。だから、奨学金はその性格上、もともと貸付リスクが高い。たとえば、英国の公的奨学金のローンは、未回収分を4割程度見込んで制度が設計されている。本来なら、安心して利用できるのが奨学金制度のあるべき姿のはずだ。しかし支援機構の場合、入口では低利でどんどん貸しつける一方で、出口の取り立ては厳しく延滞金の減免にも応じない。奨学金問題に取り組む学者や法律家からは「サラ金よりもひどい」との声があがる。

こうした奨学金の返済をめぐる問題について、どれだけの利用者が認識しているのか。支援機構の調査によると、奨学金の「申請手続きを行う前に返還義務を知った者」は無延滞者の88・6%に対し、延滞者では51・2%と半数にとどまる。奨学金は返さなければならないという認識が周知されていないのだ。また、災害や傷病、経済的困難、失業などで返済が難しくなった場合に申請できる、返還期限の猶予制度（期限は10年）を「返還が始まる前までに認知していた者」は、延滞者ではわずか4・4%（無延滞者32・8%）にすぎない。こうした救済制度の認知度も低い。

ある進学校で、7年間にわたって奨学金を担当した高校教師は「生徒たちは教員が話す支援機構の奨学金だから絶対に安全なものと思って手続きをしている。だが、奨学金を申請した生徒のうち、大学卒業後に毎月いくら返すのかを正確に把握している生徒はほとんどいない」と明かす。奨学金の担当も校務分掌の持ち回りであり、前任者から引き継いだ内容をたんたんと進めるだけだ。奨学金を滞納した場合のリスクをきちんと理解している教師はごくわずかだという。

この高校教師は「教員のわたしが、有利子奨学金の仲介業務をやっている。マスコミなどで奨学金が返せないことが社会問題化するようになって、もしかしたら支援機構の金融業務の片棒を担いできたのかと思うようになった。独立行政法人の大学入試センターはセンター入試にあたって必ず進路担当者を集めて説明会を開く。でも、同じ独立行政法人の支援機構は担当者を呼んで話すなど一切行なっていない。私は支援機構に『担当者の説明会はいつありますか?』と毎年問い合わせてきた。そのたびに『そうしたことはやっていない。ホームページでご理解ください』という返答しかなかった」と説明責任を果たしていない支援機構の姿勢を批判する。

支援機構は「ここ数年は都道府県の教育委員会が行なう説明会に職員を派遣して(返還・救済措置周知の)資料などを配布したりしている。すべての学校に職員を派遣するのは物理的に困難だが、ブロックごとに説明会を行なうなど高校生向けの周知を進めたい」とする。

いずれにせよ、教育事業から金融事業への変質が、奨学金問題を深刻化させた元凶である。

マイナンバー制度の実験場

安倍政権は17年度から給付型奨学金(月4万円)の導入をはじめた。大きな前進ではあるが、対象は児童養護施設の出身者や、私立大学の下宿生など2500人程度だ。18年度からは対象を住民税非課税世帯に広げるものの、大学・短大・専門学校など1学年約2万人とまだまだ不十分な規模だ。OECD（経済協力開発機構）加盟国の国内総生産（GDP）に占める教育費の公的財政支出は平均4・7％に対し、日本は最下位の3・5％。国際的にみても教育費の家計負担が重く、日本の「安上がり教育」は顕著だ。

ちなみに安倍首相は、憲法改定の項目に「教育の無償化」を挙げている。だが、民主党政権の高校授業料無償化に一貫して反対してきたのが自民党である。改憲の口実に「無償化」が利用されている。

そんななか、17年度から導入されたのが「新たな所得連動返還型奨学金制度」（以下、新制度）だ。新制度の特徴は収入に応じて月々の返済額が決定されることだ。無利子奨学金（第1種）を対象に、従来の定額返済と新制度のいずれかを選択できるようになる。新制度は一見すると、低所得者の負担軽減につながるようにみえる。だが問題は多い。

最大の問題は、返済を開始する最低所得額（閾値）が設定されていないことだ。諸外国の所得連動返還型の場合、一定の年収を下回れば返済する義務はない。また、一定期間を超えた未返済分は免除されるなど、期間に上限が設けられている（注5）。ところが、新制度ではたとえ年収がゼロでも月2000円の返済が課せられる。新制度の有識者会議では「低所得者が返済しなくていいことになれば、モラルハザードになる」といった意見が出され、有識者会議の審議のまとめ（16年9月）には「返還者の奨学金返還に対する意識を継続させるという観点」から「一定額の返還を求めることが望ましい」と明記された。だが、返済余力のない低所得者に返済を求めるのは、負担軽減や延滞防止の点からも矛盾する。さらに、返済期間に上限がないために、かりに総額307万2000円の奨学金（第1種・自宅外）を毎月2000円ずつ返済すると、返済完了まで128年かかる。一生かかっても返済できない。つまり「死ぬまで払い続けろ」ということだ。

それだけではない。新制度を利用するには本人のマイナンバーの提出が条件となる。返済者の所得を把握し、返済額を決めるためだ。だが、返済者が被扶養者の場合は扶養者のマイナンバーを提出させ、その収入を合算して返済額を決定する。自民党の憲法改正草案の第24条には「家族は互いに助け合わなければならない」とされているが、新制度はそんな悪しき「家族主義」の典型である。

また、マイナンバーの利用には別の側面がある。マイナンバーは、国が国民の税や社会保障の情報を一括管理し、税金の取り立てや、社会保障給付の抑制に利用するのが目的だ。

前出の柴田武男教授（聖学院大学）は「所得の捕捉などマイナンバー制度をどう機能させていくか、その有用性を見極める社会的実験として財務省が即刻予算化したものだ」と語る。15年度の第1種奨学金の新規利用者は16万8579人。マイナンバー制度の利用拡大に向けた実験場として最適な規模というわけだ。柴田教授は「マイナンバーの、マイナンバーによる、マイナンバーのための新制度だ」と批判する。マイナンバーの提出をめぐっては、その情報が「経済的徴兵制」に利用される危険性を指摘する声もある。

日本の子どもの貧困率は13・9％（15年度）と7人に1人が貧困状態にある。貧困と格差が如実に現れるのが教育だ。奨学金はそうした教育格差を縮小させる役割を持つ。教育の機会均等の理念に向けて、学費の値下げと給付型奨学金の拡充は喫緊の課題である。

数百万円の借金を最長20年にわたって返済し続け、滞納すればブラックリストに載り、自己破産にも追い込まれる。これは奨学金事業とはいえまい。奨学金が貧困と格差を拡大させているとしたら、「国家的貧困ビジネス」と呼ばれてもしかたがあるまい。

注1　給付型は17年度から導入。本文参照。
注2　対象は傷病、災害、経済的困難、産前・産後休暇、育児休業など。

注3　14年3月27日までは年10％。

注4　おおむね5年ごとの利率見直し方式と利率固定方式がある。

注5　米国は10年から20年、英国は30年または65歳まで。

第8章

貧困と格差の安上がり教育・下

教育に「臨時」はない　差別待遇に苦しむ非正規教師

森田郁子さん（57歳、仮名）は特別支援学校の教師である。定年まで3年。ベテラン教師の年齢だが、2016年度に採用されたばかりの教師だ。

森田さんは大学卒業後、毎年のように教員採用試験に臨んできたが、合格にはいたらなかった。そのために23年間にわたって、臨時教師（臨時的任用教員）として教壇に立ってきた。臨時教師といえども、仕事の内容は正規の教師と同じだ。にもかかわらず、労働条件には大きな格差があり、公教育を担う職業とは思えぬ低賃金かつ不安定雇用を強いられている。

森田さんは、これまで小学校と特別支援学校の10校に加え、保育所や学童保育など計18カ所の職場で働いてきた。そのなかには、勤務日数がわずか13日間の学校もあった。細切れ雇用はつねに失業と背中合わせだ。森田さんが23年間に交付された臨時教師の辞令はなんと70枚に及ぶ。

雇用破壊は教育職にも広がっているのだ。

公教育を担うワーキング・プア（働く貧困層）

文部科学省の学校基本調査によると、全国の公立小・中・高校・中等教育学校・特別支援学校に勤務する非正規の教師は年々増え続け、15年度には18万7539人に達した（01年度12万9911人）（注1）。

臨時教師の任用は地方公務員法（地公法）22条で「緊急の場合」または「臨時の職に関する場合」「任用候補者名簿がない場合」に限られている。本来なら病休や産休、育休などの代替で配置されるのだが、現在は「定数内講師」が増えている。定数内講師とは、正規教員定数の欠員を補充する臨時教師のことだ。つまり、正規で任用すべき教師が、臨時教師に置き換えられているのだ。定数内講師が増える理由とされているのが、団塊の世代の大量退職と少子化だ。臨時教師が多い自治体では「新規採用を増やせば年齢構成が偏り、教員定数を超過するおそれがある」と説明する。だが、人件費削減のもとで教師の非正規化が拡大しているのが実態であり、雇用の調整弁となっている。

非正規の教師には「常勤」と「非常勤」がある。常勤講師は正規と同じフルタイムで働き、担任や部活動を受け持つこともある。常勤講師の任用期間は6カ月以内で更新は1回だ。毎年4月1日から9月30日までの雇用契約を結び、さらに10月1日から3月末日まで更新する。地公法22条が更新を1回に限っているのは、臨時教師の任用はあくまで限定的なものであり、長期雇用を想定していないからだ。

だが、実際には年度末（3月31日）に「空白の1日」を設けることで、何年にもわたって雇用契約を繰り返す脱法行為が常態化している。この「空白の1日」のために、毎年3月は社会保険や厚生年金から外され、年休の繰り越しが認められないなどの差別的取り扱いを受けている（注2）。

常勤講師は1年ごとに新規に採用され、勤務校も替わる。次年度の勤務先が決まるのが3月上旬だ。雇用不安がつねにつきまとい、1月ごろからは仕事が手につかなくなる。勤務校が決まらなければ失職だ。社会とのつながりが断たれ、自分だけが孤立している恐怖にさいなまれる人もいる。そのために待遇の悪い仕事に飛びついてしまうこともある。

また、1年ごとに雇用を繰り返すため、子どもの成長発達を継続的に見届ける立場にない。したがって、学校運営に主体的にかかわることもできない。教育者にとってこれほどつらいものはないだろう。特に、臨時教師の比率が高いのが特別支援学校だ。非正規の比率が3〜4割を占める学校も少なくない。前出の森田さんがかつて勤務していた特別支援学校は教師73人中25人が非正規だった。年度ごとに臨時教師の入れ替えが激しいので、子どもたちのなかには「なぜ○○先生はいなくなったの?」「○○先生に会いたい」と訴えるなど精神的な悪影響も出ている。

賃金は常勤講師の場合、正規教師の7割の水準だ。20年以上のキャリアがあっても、給与は10年に満たない正規教師よりも少ない。しかも、昇給が一定の年齢で頭打ちになり、4月からの勤務を理由に夏の一時金が満額支給されないケースもある。なかには、夏休みが任用期間から外され無給となるために、アルバイトに従事しなければならない臨時教師もいる。退職手当は給与の1カ月分にも満たない。正規との生涯賃金の差は1億円との試算もある。正規教師と同一労働をしていながら、賃金や待遇は決して同一ではないのだ。こうした官製ワーキング・プアが公教育を担っている実態は、地域社会や保護者をはじめ、ほとんど知られていない。

「正規教師になりたい」

一方、常勤講師より劣悪な労働条件を強いられているのが非常勤講師である。非常勤講師は契約した曜日に時間給で働くパートタイムだ。授業の時間単価は自治体によって違うが、2700円程度が多い。授業は切れ目なくあるわけではなく、学校を数校掛け持ちしても月収は10万円~15万円だ。また、退職金はおろか一時金すらない。通勤費用に上限が設定されているところもある。さらに、社会保険はなく、各種休暇はほとんどが無給だ。健康診断の費用が自己負担の自治体もある。仕事の質と待遇のギャップがあまりにも大きい。授業では高い専門性が求められるのに、生活を維持するために学校を掛け持ちしなければならず、十分な教材研究すらできない。

30年間にわたって非常勤講師（私立学校）をしている男性（50代）は「年収は常勤講師の3分の1しかない。4月に仕事が決まっても、1年間は安心だという気持ちにはなれない。非常勤は日々アルバイトをしているようなもの。毎日どう生活するか、経済的なことを常に意識しないと生きていけない」と明かす。この男性は40代のとき、60歳の段階で1000万円の積み立てができる民間保険に加入した。自らの退職金の代わりにするためだ。また、複数の銀行のカードローンで最大500万円の借り入れができるようにしている。これは失業したときの防衛策だ。実際に、男性は過去に1年間失職したことがあり、その年はカードローンで生活費を賄ったという。

また、非常勤のなかには都道府県ではなく、市町村に採用された「学習支援員」や「サポーター」などと呼ばれる人たちがいる。職務は授業の補助とされているが、あくまで臨時「職員」であって「教員」ではない。したがって、教壇には立てない。だが、なかには授業を受け持ち、成績評価を行なうなど正規教師と同じ業務を行なっているケースがある。賃金は自治体によってバラつきがあるが、その時給は1200円ほどだ。宿泊学級などの学校行事に参加しても契約した給与しか支給されず、残りの時間は無給だ。非常勤講師の多くは生活費を補うためにダブルワークをしたり、なかには生活保護を受けながら勤務を続けている人もいる（注3）。

臨時教師は潜在的な失業者だ。冒頭で紹介した森田郁子さんは常勤も非常勤も経験してきた。生徒の転出でクラス数が減ると真っ先にクビになった。ようやく決まった仕事が電話一本でキャンセルされたことも数知れない。失職の不安から病休すら取るのをためらった。妊娠したときはうれしい反面、素直に喜べなかった。仕事を断れば次の職はないと思ったからだ。短時間の仕事でも「来てくれ」と言われれば、大きなおなかで出勤した。そして、出産後はすぐに職場復帰した。産休も育休もなく、保育所と仕事を探す日々に追われた。「正規教師の仕事はないか」「いつまで仕事が続けられるか」と不安な毎日を過ごした。そして、育休中の正規教師の姿を見て、「わたしも同じ子育てをしているのに……」とみじめな気持ちになった。

そんな不安定雇用の一方で、学校現場では正規と同じ能力と責任、成果が求められる。

それなのに、臨時教師である森田さんは研修にすら参加できない。非常勤講師のときは、勤務時間でもないのに給食の指導や、昼休みの見守り、お茶くみをした。むろん、タダ働きだ。自分は経験を重ねるだけで、一人前の教師として扱ってもらえないことで自信を失うこともあった。

それでも教員採用試験には、年齢制限（40歳）に達するまで受験し続けた。真剣さを評価してほしかったからだ。だが、学校勤務と試験勉強は時間的制約から両立しにくい。強いストレスから採用試験の夢を見ることもたびたびあった。1次試験をパスした39歳の時、2次試験の面接で「正規の先生になりたい」と思わず涙ぐんでしまった。結果は不合格。40歳のときには「もう試験を受けなくていいんだ」とホッとした気持ちになった。

しかしその後、一部自治体の教育委員会は採用試験の年齢制限を撤廃した（注4）。森田さんは希望を持った。14年ぶりに受験したとき、正規の同僚から「50歳を過ぎて採用されてどうするの？　今さら初任者研修を受けるの？　税金がかかっているのよ」と言われて傷ついた。特別支援学校では困難を抱えた子どもを担当し、研究発表もした。自分では正規も臨時もないと思って仕事を続けてきた。それなのに同僚にさえ劣悪な労働条件を理解してもらえない。このときも試験には受からず、合格した若い人が周囲から祝福されるのをみて、「わたしの受験に意味があったのか」「わたしの気持ちなんか誰にもわからない」と自暴自棄になった。

それでも採用試験に再挑戦したのは、このまま臨時教師として使い捨てにされたくないとの思いからだ。同じ年の臨時教師が受験を決意したことも心強かった。仲間ができたことで背中を押され、勉強会に参加した。そして15年度の採用試験。20回を超す受験の末に合格を果たした。初任者研修の指導教官は森田さんの娘と同じ年だった。

森田さんは70枚に及ぶ辞令を大切に保管している。辞令は労働契約書だ。そこには、どのような労働条件なのか、契約期間がいつまでなのかが明記されている。雇用者との大切な約束事だ。その一枚一枚の辞令に臨時教師として生きてきた証がある。森田さんは「教育に『臨時』はない。いつでもクビにできる都合のいい労働者なんてあってはならない。同じ仕事をしているなら、同じ給料と待遇で雇ってほしい。必要な教師は正規で雇ってほしい」と訴える。

「学校はブラックだ」

臨時教師が増え続けた背景には、90年代後半からの人件費削減をねらった国の「安上がり」教育政策がある。04年度に導入された義務教育費国庫負担金の「総額裁量制」は、負担金の総額の範囲内であれば、給与額や教職員配置を都道府県の裁量にした。それまでは、給与や諸手当の費目ごとに国庫負担の限度額があったが、総額のなかで給与を自由に決定できるようになった。また、教員定数を超える分は国庫負担の対象外だったが、給与水準を引き下げて生じた財源で教員を増やすことが可能になった。少人数学級を実施する加配定数が国庫負担となり、それに対応する調整弁として非正規教師が増加した。

加えて、06年度には国庫負担金が2分の1から3分の1に縮小された。財政状況が厳しい自治体ほど人件費抑制に拍車がかかった。国庫負担金の縮小は正規から非正規への置き換え、さらに常勤から非常勤への置き換えを促進する結果をもたらした。正規教員定数の欠員を補充する定数内講師（常勤）が常態化するなかで、常勤講師の職務が複数の非常勤講師に振り分けられていった。教師の非正規化は、学校統廃合とともに安上がり教育の両輪として機能している。

だが、矛盾も表面化している。少人数学級指導、不登校や発達障害の支援などの補充を非正規雇用に頼ってきたために、産休や病休の代替教員が不足して「授業に穴があく」といった事態が起きている。精神疾患で病休している教師が全国で約５０００人いるなかで、自治体によっては臨時教師の「囲い込み」がはじまっているという。正規教師を減らしてきたツケであり、まさに本末転倒である。

臨時教師として働き続けることは、教育者としての尊厳も奪う。埼玉県の女性（50代）は初任者研修で模範授業を行なうほどの力量があるにもかかわらず、臨時教師のままだ。非正規であるのは、はたして自己責任なのか。採用試験では毎年不合格にしながら、臨時教師として雇用し続けるのは実質的な採用差別であろう。むしろ、教育行政の責任が問われるべきだ。臨時教師の教職経験は適正に評価されているのか。埼玉県教育委員会は「経験年数イコール本採用とはならない。教科の知識、人間性や意欲、教育への情熱などを総合的に評価している」と採用差別を否定する。

だが、年齢が上がるほど教職に就けなくなるのが現実だ。

埼玉県の県立高校に勤務するＡさん（61歳・男性）の職種は業務主事だ。業務主事とは用務員のこと。備品の修理や、窓拭きなどの清掃が主な仕事だ。賃金は20万円ほどで、臨時教師のときの半分程度だ。Aさんは管理職から「あんたの給料で若い人を2人雇える」と言われ、現在の職務に就いている。埼玉県では、15年度に常勤教師の雇用年齢制限が撤廃されたため、職を求めて県の教育事務所に申し込み登録をしている。だが、今のところ業務主事の仕事しかない。

臨時教師を長く続けることによる、心の荒廃も深刻だ。学校現場は校長をトップに階層化が進んでいる。そうしたヒエラルキーの最下層に置かれているのが臨時教師だ。そこでは弱い者同士が競争を強いられ、確執も生まれている。正規教師に対しては丁寧なあいさつをするのに、同じ臨時教師には声すらかけない。たまたま口にした待遇への不満が校長に告げ口される。雇用継続には管理職の評価や心証が大きく左右する。産休を取った臨時教師が契約を切られたケースもある。校長に忠誠を誓うことが正規採用につながると信じられているのだ。管理職から「教員採用試験に合格しないあなたが悪い」「努力が足りない。もっと勉強しなさい」「あなたは教員に向かない」「その年で、いつまで（臨時）教員をやるつもりなのか」といったパワーハラスメントを受けることも少なくない。そして、自信も自己肯定感も持てなくなっていく。ひたすら自分を殺し、正規教師が敬遠する業務を押しつけられても従うしかない。職場ではまったくものが言えないのだ。子どもたちに「いじめや差別はいけない」と説いている臨時教師が、職場でいじめや差別を受けている。Aさんは「臨時教師の敵は臨時教師だ。互いに足の引っ張り合いをして生きるしかない。これは生きる手段なんです」と話す。

そんな劣悪な労働条件を改善する取り組みがある。

埼玉県では常勤講師の雇用年齢の制限が撤廃された。撤廃前は常勤講師として働けるのは60歳まで。その年齢を過ぎると非常勤講師にしか就けなかった。非常勤の給与は常勤の給与（60歳手取り額33万円）の半分以下。これでは家族を抱えての生活が成り立たない。年金制度の改定で、支給年齢は65歳に段階的に引き上げられた。正規の教員は退職後の再任用制度で65歳まで働くことができるが、臨時教師は雇止めとなり、生活そのものが脅かされる。まさに人権問題だ。埼玉県では学者や教職員、市民らで構成する「埼玉県臨時教職員制度の改善をすすめる会」が、教育行政との交渉を通して権利獲得に奔走している。雇用年齢制限の撤廃も4年に及ぶ地道な交渉によって勝ち取ったものだ。その運動の原動力は、数は少ないが臨時教師たちの連帯である。今後は、教職員組合の姿勢も問われる。

教育基本法には「教員については、その使命と職責の重要性にかんがみ、その身分は尊重され、待遇の適性が期せられるとともに、養成と研修の充実が図られなければならない」と明記されている。不安定雇用と、劣悪な労働条件を放置することは法の趣旨に反する。教師の多忙化が指摘されて久しい。教師の負担軽減を図るためにも正規雇用を増やし、30人学級を実現するなど教育の質を高める必要がある。

ある男性（60代）は、教壇を去って両親のいる実家に戻った。26年間の臨時教師人生を振り返り、「学校現場は『使い捨て』の非正規が支えている。教育行政は臨時教師の善意を逆手にとって、劣悪な労働条件で雇用し続けている。学校がブラックな状態で教育の質が維持できるのか」と批判する。

臨時教師に対する差別的待遇は労働権の侵害であるとともに、子どもたちの教育を受ける権利（憲法26条）の侵害であるのは自明である。

同一労働同一賃金は実現するか

非正規という言葉をこの国から一掃します——。

安倍首相の言葉である。安倍政権は「働き方改革」を掲げて、同一労働同一賃金の実現を宣言した。だが、労働法制を次々と改悪してきたのが自民党政権だ。15年には労働者派遣法が改悪され、派遣労働者の期間制限が撤廃された。労働者に占める非正規の割合は4割に達するなか、「高度プロフェッショナル制度」（残業代ゼロ）や裁量労働が拡大されようとしている。同一労働同一賃金はほんとうに実現できるのか。

「臨時教職員制度の改善を求める全国連絡会」（以下・全臨教）の会長で、日本福祉大学の山口正教授（教師教育・教育行政）は「安倍首相が非正規労働者の実態をどれだけ理解しているのか疑問だ。首相は『総活躍社会』の実現に向けて『未来への投資』を強調したが、教育はその柱の一つだ。本気で非正規を一掃したいなら言葉だけでなく、どこに問題があるのか非正規労働の実態に言及するべきだ。賃金格差を放置したままでは総活躍社会なんて実現できるわけがないのに、首相は具体的なことは一切言わない。（政府は）非正規をなくそうとは思っていない」と語る。全臨教は、臨時教師の差別的待遇を告発するために、1971年から全国交流集会を開催している。集会では各地の臨時教師が参加し、その実態が具体的に語られる。そうした声に政府は耳を傾けているのか。

山口教授は、「まともな働き方」を実現するためには抜本的な制度改善が必要だと主張する。「まともな働き方」の条件とは、①健康が維持できる労働時間、②生活できる賃金、③安定した雇用、④雇用保険制度の改善だ。この「まともな働き方」の対極にあるのが、臨時教師の労働環境だ。こうした条件整備を抜きにして、臨時教師の差別的待遇を改善することはできない。そのためには、有期雇用の原則禁止などの労働法の改正が不可欠だ。

山口教授は「政府が謳う同一労働同一賃金とは、同じ（仕事で）成果を出した人にはそれにふさわしい賃金を出すという意味だ。非正規が正規と同じ賃金をもらうには、それだけの成果を上げなくてはならない。競争的な成果主義によって、同一労働同一賃金を実現する。競争社会こそが『1億総活躍社会』のキーワードだ。競い合わせる戦略の柱として、同一労働同一賃金という言葉を使っている」と指摘する。

臨時教師に対する差別的待遇の一端は、教員採用の面からも垣間見られる。それが教員養成、採用、研修のあり方だ。なかでも、養成（大学）と採用（行政）がより一体化しつつある。キャリアを積んだ臨時教師が教員採用試験に合格できない一方で、合格率が100％に達する教員養成が進んでいる。それが、教員志望の大学生や大学院生を対象にした「教師塾」や「教員養成セミナー」などと呼ばれるものだ。

こうした教員養成の「塾（セミナー）」の運営主体は主に①教育行政（教育委員会）、②教育行政と外部団体との共同、③民間組織だ。特に、教育行政が主導する「塾」に参加するのは各大学から選抜された学生が対象で、期間は半年から1年に及ぶ。当然、学校現場にも実習に入る。これは実質的な採用前研修であり、彼らの採用試験合格率は圧倒的に高い。大学側にもメリットがある。少子化で学生確保が難しくなるなかで、教員採用試験の合格率を上げることが私立大学の「生き残り策」になっているからだ。

一方で、教育行政が教員養成に力を入れるのには理由がある。団塊の世代が大量退職するなかで、即戦力のある若手教師を確保するためだ。即戦力とは、採用されたその日から学級担任をきちんとこなせる資質と能力だ。つまり、ベテラン教師と同じ仕事をこなせる力量を短期間に習得させるのが目的だ。教育行政は「塾」という採用前研修を通して適性を判断する。長期間にわたって塾生同士で競い合わせ、精神疾患などの採用後のミスマッチを防ぐ意図もあるという。

かつて、学校は職場全体で教師を育てる風土があった。そうした支え合いのなかで、裁量が認められ、専門性を磨くことができた。ところが、教育行政主導の「塾」や官製研修が押しつけられたことで、逆に学校の教育力が低下するという皮肉な結果を生み出している。

政府の教育再生実行会議は「質の高い教師を確保するための養成、採用、研修等の在り方」(第五次提言)で、「教師インターン制度」の導入を提起した。教師インターン制度とは、採用にあたり、学校現場での実習や研修を通して適性を厳格に評価する制度だ。たとえば、大学の教員養成課程を修了した者に通常の「免許」ではなく「准免許」を交付し、採用試験合格後の数年間を試用期間（インターン）とする。この試用期間中に校長が勤務態度や授業内容などを評価し、一定の基準に達すれば「本免許」を交付するしくみだ。

現在でも教師の新規採用1年目は正式採用ではなく、試用期間の「条件付き採用」となっている。新任教師にとって、条件付き採用期間はたいへん弱い立場だ。東京都や静岡県では、過重労働やパワハラによって自殺に追い込まれる悲劇が起きている。

東京都では06年、新人の小学校女性教師（当時23歳）が激務（1カ月の時間外労働100時間超）によって自ら命を絶った。わずか2カ月の教員生活だった。彼女の勤務先は単級学校（1学年1クラス）のうえに、教員の半数が異動。引き継ぎもなく、新人教師への支援態勢はなかった。地域や家庭状況を把握できないまま職務に忙殺され、保護者からは「保護者を見下している」「結婚や子育てもしていないので経験が乏しい」との言われなき批判を受けた。彼女は「抑うつ状態」との診断を受けたが、管理職は勤務実態を把握していなかった。彼女の遺書には「すべて私の無能さが原因です」と綴られていた。新人といえどもベテランと同じレベルを要求されるため、悩みを誰にも相談できずに孤立感や孤独感に押しつぶされるケースは少なくない。

新任教師の孤立化と精神疾患は、教育現場に浸透した評価制度の弊害だ。特に、人事考課はそれに拍車をかける。成果主義の特徴は労働者を孤立させることだ。孤立させなければ他者と比較できないからだ。加えて、学校選択制、学校評価制度、各種学力テストなど「競争」と「選別」の施策が次々と導入されている。学校のマイナス評価は校長の評価と直結するために、足を引っ張るような新任教師は攻撃の対象になりやすい。実際に、不当な評価で退職を強要され、分限免職処分になるケースもある。「条件付き採用」という試用期間は、教育行政に忠実な教師づくりと、「目障りな新人」を排除するシステムとして機能しているのだ。教師インターン制度が導入されれば、試用期間はさらに長くなるとみられている。その間は常勤講師の待遇であり、教師の身分はより不安定化するだろう。臨時教師の固定化につながりかねない。これで同一労働同一賃金など実現できるのか。

雇用形態がまちまちな教師が混在する学校では、教師間の分断が起きやすい。多様な雇用形態と成果主義が、教師の管理統制の道具として機能していく危険性がある。臨時教師は「安上がり」「雇用の調整弁」の役割だけでなく、「ものを言えない教師」づくりを目的にしている。

安倍教育改革は第1次政権の教育基本法改悪に続き、教育の内容や方法にまで介入してきている。教師を思い通りにコントロールする先にあるのは、「戦争する国」だ。
歴史が、それを証明している。

注1　日本福祉大学の山口正教授（教師教育・教育行政）は、文科省の調査では職名が「講師」以外の臨時教師（例・職名「教諭」「助教諭」）が対象から除外されているため、臨時教師の実数は20万人を超えると推計している。

注2　「空白の1日」による年金や健康保険の継続は一定の改善がされている。全日本教職員組合の調査（16年8月現在）によると、36都道府県のうち、継続されないのは3自治体のみ。ただし、年休の繰り越しが認められているのは15自治体にとどまる。

注3　拙著「死活ライン『美しい国の現実（リアル）』」（金曜日）参照。

注4　全日本教職員組合の調査（16年8月現在）では、65自治体（都道府県・政令市）のうち、40自治体で年齢制限を設けている。

不起立を生きる田中聡史さん
教育の戦争責任を問い続ける

聞き手／平舘英明

東京都の特別支援学校に勤務する田中聡史さん（48歳）は、卒・入学式での「日の丸・君が代」の強制に反対して処分を受けてきた。なぜ、田中さんは不起立を貫くのか。特定秘密保護法、安保法制、共謀罪など「戦争する国」に向かいつつあるなか、現在の心境を語ってもらった。

――2017年3月の卒業式はどうでしたか。

わたしは東京都立石神井特別支援学校で小学部3年生の担任でした。石神井特別支援学校の卒業式は、16年度から小学部1年生から3年生は式に出ないで教室で活動することになったのです。ですから、わたしは「君が代」起立斉唱の職務命令の対象ではありませんでした。

もともと処分されたいわけではなく、給料を減らされたり、研修を課せられたりすることはないので、そういう意味では楽だったのですが……。

実は、入学式（16年4月）も2、3年生は参列しなかったんです。これまでは（東京都の）被処分者がわたし一人の年もありましたが、16年度の入学式では、初めて被処分者がゼロになりました。ひとつの節目を感じています。

――それは卒・入学式の「田中はずし」ではないのですか。

校長からは「式うんぬんではなく、校内の体制としての人事だ」という説明を受けました。ただ、わたしは本当にそうかなと思っています。都立高校では不起立する可能性のある教員を3年生の担任から外す傾向にあります。わたしの場合も同じかもしれません。

――あらためて処分歴と処分内容を教えてください。

処分は連続10回です。11年4月の入学式が最初で、16年3月まで途切れることなく処分を受けています。3回目までは戒告処分で、4回目からは減給10分の1、1カ月です。

――減給以上の処分は違法ではないのですか。

そうです。12年1月の最高裁判決では、減給以上の処分は裁量権の逸脱だとして取り消されました。にもかかわらず、減給処分が出されているのは違法です。

――処分による実質的な不利益はどうですか。

東京都教育委員会（都教委）が言うには、40歳代で戒告処分を受けると生涯賃金が90万円くらい減るとのことです。戒告だけでも十分重いですよね。戒告も減給と同じで昇給やボーナスの査定に影響します。減給では3万数千円減らされています。生涯賃金の面からも大きな不利益になっています。

——不利益を被っても起立斉唱はできないわけですね。

わたしが生まれ育った地域（京都市）は在日朝鮮人が多く、同級生の何人かは被差別部落に住んでいました。中学校で同和教育を受け、差別や人権について考えるようになりました。中学時代に差別や人権について関心が持てたことが今でもよかったと思っています。東京都の教員になるにあたって、人権を尊重する教育をしたい、教育を通じて差別なき社会の実現に貢献したいと思ってきました。「日の丸・君が代」を処分でもって強制するのは、思想・良心の自由（憲法19条）を侵害し、人権を脅かすものです。

——起立斉唱を職務命令で強制する「10・23通達」（本書第5章「『君が代』強制には屈しない　良心をかけた、歴史に刻む闘い」参照）が出されたときは、どんな気持ちでしたか。

通達が出る直前に、東京都立七生養護学校（当時）への不当介入事件（注1）があって、かなりの教員が処分されました。それがあったので、起立斉唱の職務命令に従わなければ処分されるという怖さを感じました。

——10・23通達後も、当初は起立していたそうですね。

職員会議で「起立斉唱の強制に反対する」と発言したら、校長に呼び出されて「斉唱しなくとも処分されることはないが、起立しなかったら処分は免れない。お願いだから立ってほしい」と説得されました。周りの同僚にも不起立する人はいなかった。教職員組合も「(不起立は)個人の責任であって、決して推奨するものではない」といった態度でした。

――「君が代」斉唱の40秒間立っていたわけですね。

わたしのすぐ近くに副校長がいて、立つのか座るのか監視していました。「これは何なんだ」という疑問や憤りでいっぱいでした。

――田中さんは「予防訴訟」(国歌斉唱義務不存在確認等請求訴訟)(注2)**の原告になりました。06年9月の予防訴訟判決(東京地裁・難波孝一裁判長)は、10・23通達における職務命令を憲法19条に反するとしました。画期的な判決だったのですが、その後につらい体験があったと聞いています。**

難波判決があった年は、東京都立あきる野学園に異動していました。前任校では卒業式の予行は「君が代」起立斉唱を省略していましたが、あきる野学園では予行の段階で起立斉唱を求められた(07年3月)。今思えば、難波判決が出たことで、都教委や管理職はどのくらいの教員が立つのか座るのかを確認したかったのだと思います。予行ですから本番と違い、職務命令の対象ではありません。座ったとしても処分はないわけです。でも、わたしは周りが起立しているのに、自分だけ座ることが恐ろしくてできなかった。自分の体が自分の思い通りにならなかった。「起立」と言われれば立ってしまうことが、身についてしまっていた。後になって「なぜ座ることができなかったのか」「座るべきだった」と悔しさと情けなさでいっぱいになりました。この体験は屈辱的なものでした。07年4月の入学式からは処分されても「座る」と腹を決めました。ただ、あきる野学園はマンモス校のうえに、都教委も特定の教員に狙いを絞っていた。当時のわたしはノーマークだったので不起立は現認されませんでした。

――10・23通達から14年が経ちます。不起立する教員が少なくなり、「抵抗しても無駄だ」とか「国歌斉唱は儀礼的所作だ」という声があります。

「儀礼的所作だから思想・良心の自由を侵害しないのだ」と都教委は服務事故再発防止研修(注3)のたびに言います。だから「合憲だ」と。でも、決してそうではない。「君が代」斉唱時に「日の丸」に向かって起立し、敬意を表する所作は、日本の侵略戦争や植民地支配のシンボル(歌と旗)に敬意を表することであり、わたしの歴史観に照らしても、平和に生きる権利を否定し民族差別を肯定する行為なのです。わたしの良心が痛むんです。

――服務事故再発防止研修はどうですか。

研修に関しては、04年に東京地裁決定(須藤典明裁判長)が出ています。「須藤決定」は「繰り返し同一内容の研修を受けさせ、自己の非を認めさせようとするなど、公務員個人の内心の自由に踏み込み、著しい精神的苦痛を与える程度にいたるのであれば、そのような研修や研修命令は合理的に許容される範囲を超えるものとして違憲違法の問題を生じる可能性がある」としています。都教委は「須藤決定」を踏み越えてやってきていますが、今のところ研修回数が増やされたり、研修期間の延長もありません。万が一、教育現場から外されて研修センターでの研修が行なわれれば精神的に苦しいと思います。再発防止研修がひどくならずにいるというのは、「須藤決定」が歯止めとなっている証です。これまでの運動の力でもあります。

――田中さんは、東京「君が代」裁判の４次訴訟の原告として処分の取り消しを求めています。４次訴訟は現職の教員が多いですね。東京地裁で17年３月15日に結審して、判決は９月15日に決まりました。

原告14人のうち７人が現職です。わたしを除く６人が都立高校の教員です。みなさん尊敬に値する先生たちです。それぞれの陳述書も深くて貴重な話です。４次の原告のなかには、わたしと同じように「君が代」斉唱時に立たざるを得なかった方や、やむなく立ったという方がいて、悔しさや屈辱を味わって処分された経験を持っています。共感する面が多いです。

4次訴訟では定期的に原告団会議をして、10・23通達後に東京の教育現場がどう破壊されていったか、どのような結果をもたらしたかを検証する作業も続けてきました。（17年）3月の最終弁論では、都立高校現職の教員が「都教委からの強い指導で、不起立の生徒に対応するために『起立してください』との文言を式の進行表に入れるようになった。生徒への強制以外何ものでもない」と批判し、特別支援学校の元教員は「子どもが泣き叫んでも斉唱中は外に出すな、子どもがケンカをしても斉唱中は放置しろ、トイレの介助でも式場から出るな、などと言われた。教員を立たせようとして、子どもの生命や安全、人権が侵害されている」と訴えました。最終弁論は、今までの作業を通じて出された一つの結論でもありました。

※東京「君が代」裁判4次訴訟（原告14人19件の処分）について、東京地裁（佐々木宗啓裁判長）は減給および停職処分（6人7件）を都教委の裁量権の逸脱・濫用にあたり違法と判断。処分を取り消す判決を下した。田中さんの場合は、最初の5件の処分（1

〜3回目までの戒告、4〜5回目の減給）を争っており、減給処分の2件が取り消された。不起立の回数による加重処分が断罪されたかたちだ。

原告側の澤藤統一郎弁護士は「都教委は挑戦的に4回目の不起立を戒告ではなく、減給にした。これを違法取り消しとした判決の意味は大きい。教育行政が違法と断罪されるのは恥ずべきことだ。判決を真摯に受け止め、10・23通達を撤回し、まっとうな教育行政になるべきだ」と都教委の姿勢を批判した。判決後の報告集会で、田中さんは「（12年の）最高裁判決以降、わたしの減給処分を裁判所がどう判断するのか注目されていた。減給処分の取り消しは大きな意義がある。今回の判決が（戒告を含む）すべての不当処分の取り消しにつながる新たな道になるよう願っています」と発言した。

ただ、東京地裁判決の内容をみると、特段の前進があったわけではない。これまでの最高裁判決に従って戒告処分を容認したうえに、10・23通達による職務命令や懲戒処分が憲法19条（思想・良心の自由）、20条（信教の自由）、23条（学問の自由）と26条（教育の自由）、教育基本法16条（不当な支配の禁止）に違反するとの原告側の主張をことごとく退けた。また、国家賠償請求も棄却した。原告の意見陳述や本人尋問で明らかになった服務事故再発防止研修や、「担任はずし」の実態といった事実認定も判決には反映されなかった。澤藤弁護士は「本来なら最高裁の判断に対して下級審の判決がそれを批判し、それを積み重ねて判例を変えることができれば理想だ。だが、今の地方裁判所のレベルで最高裁の判断と違う判断を示すのはたいへん難しいのが現状だ。戒告処分を取り消させるのには高裁、最高裁で争うしかない」と話し、原告や支援者は「これからも粘り強く闘う」と決意を新たにした。

――東京都の元教員の根津公子さんは「日の丸・君が代」の強制に一貫として反対し、繰り返し処分されてきました。その根津さんが停職6カ月の処分（07年事件）の取り消しを求めた裁判で、最高裁は東京都の上告を棄却しました（16年5月）。根津さんの停職6カ月の処分を取り消した東京高裁判決（須藤典明裁判長）が確定しましたね。

運動の成果です。前にも触れましたが、12年1月の最高裁判決では減給以上の処分は裁量権の逸脱として取り消されたにもかかわらず、根津さんの処分だけ是認されました（注4）。これは（処分の）例外規定をつくることで、「減給以上の処分は違法」とした判断に抜け穴ができてしまった。それを遅ればせながら塞いだという意味で大きな判決でした。

須藤判決（注5）を読むと、停職6カ月を科せば次は免職を意識しなければならない。

教員を続けるのか、思想・良心の自由に基づいてクビを覚悟するのかといった二者択一を迫ることは憲法に違反するとの言い方をしている。わたしがはっとしたのは、結果的に根津さんは免職にならずに定年退職しました。なのに、須藤判決は懲戒免職になる可能性に言及している。これは根津さんの判例ではあるけれども、これから起こりうるケースを想定した判断であるのは間違いないと思います。単に根津さんの停職処分を取り消しただけでない。今後の現職教員を保護する意味でも有効な判決だと思います。

――田中さんを支援する市民の会も立ち上がっていますね。

練馬教育問題交流会という会です。この会は、かつて東京都立大泉養護学校（当時）のブラウス事件（注6）で処分を受けた渡辺厚子さんの裁判も支援していました。わたしが、石神井特別支援学校に異動になった15年度から、校長に職務命令を出さないように申し入れたり、学校前でビラを配るなどの支援をしてくれています。「日の丸・君が代」に抵抗する教員は少数派です。市民の支援がなければ抵抗できません。以前に勤務していた板橋特別支援学校でも地元の市民が支援してくれました。偶然のめぐりあわせで幸運です。小さな運動であっても、たいへんありがたく思っています。

――特定秘密保護法や安保法制、共謀罪など「戦争する国」の骨格をつくる外堀が埋めら

れています。いよいよ本丸は、憲法改定とともに教育といえるのではないですか。「日の丸・君が代」の強制が幼稚園や保育所にも広がり、道徳の教科化もあります。

戦争する国の一環として「日の丸・君が代」の強制が行なわれているのは明らかでしょう。「国旗国歌法」（99年）の4年後に10・23通達が出されたのも一連の流れです。国旗国歌法も広島県立世羅高校の事件（本書第1章「憲法と民主主義を守れるか　岐路に立つ『主権者教育』」参照）を口実につくられている。教育と「日の丸・君が代」は密接に関わっています。

卒・入学式で校長が壇上の「日の丸」にお辞儀をする。それが、あたかも儀礼であるかのように「日の丸」に一礼するようになってきた。

わたしが最後（10回目）に処分された16年3月の卒業式は、中学部3年生の担任でした。わたしは起立斉唱せずに座ったのですが、子どもたちは元気に「君が代」を歌うんです。あんなにも大きな声で「君が代」を歌う姿を見たことはありません。こういう時代になったのだと感じました。

――田中さんは教職員組合の運動や歴史、教育の戦争責任について関心があるようですね。

なぜ、こんな社会になってしまったのか。10・23通達直後は被処分者も100人前後いた。それが10年少したってこんなにも減ってしまった(17年3月の卒業式は被処分者2人)。組合が有効な闘いをできなかったのはなぜなのかという疑問があります。

わたしが京都府立高校の3年生のとき、学校に「日の丸」の掲揚塔が設置され、常時掲揚がはじまりました。2年後に開催される京都国体が理由だったのですが、あのとき教職員組合は抵抗したのかと考えるようになった。

当時、沖縄県でも「日の丸」が強制されることが起きて、読谷《よみたん》高校の卒業生が「日の丸」を引きずり下ろして捨てるドキュメンタリー映画を見ました。あの高校生は同じ年ごろです。沖縄では抵抗があったが、京都で抵抗があったとは聞いていない。

京都は歴史的に組合が強かったところです。学校に「日の丸」が掲げられて教員は抵抗したのか、しなかったのか知りたくなりました。京都では1950年代、天皇を京都駅から御所まで送るために、小学生が沿道で「日の丸」を振らされたことがありました。かつて、京都は革新自治体の「灯台」と呼ばれて戦後民主主義の自治体のお手本だった。でも、本当にそうだったのか。革新自治体だった京都府とか東京都、大阪府で「日の丸・君が代」が強制されて、抵抗する人が少数派に追いやられている。なぜなのか。何か見誤ってきたのではないだろうかと思っています。

教育の戦争責任についてもそうです。戦前戦中は教育で戦争を賛美し、侵略戦争を推進した。それを戦後も批判しきれずに、21世紀の現代に至っているのだと思います。なぜそうなったのか考え続けるしか答えは出ない。

少なくとも今、わたしが不起立でクビになることはありません。当たり前の生活をし、生き続けるなかで考えることができる。だから、絶望はしていません。少数派としてできることは過去を批判し続け、考え、問い続けることしかないのだと思います。

インタビューを終えて

式場内のほぼ全員が「君が代」起立斉唱するなかで、ただひとり着席するのはかなり勇気のいる行為だ。まして、教育公務員として、職務命令違反の処分が避けられないとすればなおさらである。

スポーツの試合に先立って、国歌が流れることがあるが、起立斉唱するかは個人の自由である。とはいえ、同調圧力の強い日本社会では「日の丸・君が代」に抵抗を感じても、その場しのぎに起立してやり過ごす人も少なくはないだろう。国歌の起立斉唱は、儀礼的所作や慣習といった空気が支配的であり、それに異を唱える人に向けられる視線には厳しいものがある。

だからかもしれないが、「君が代」の強制に反対して不起立を貫く教師を「過激な活動家」と思い込んでいる人もいるようだ。自らの主義主張を一方的に言い立て、式の進行を妨害する危険な人物といったイメージだ。

だが、それは色眼鏡で見た人物像にすぎない。むしろ、田中さんはその対極にいる人である。不起立にいたる過程で逡巡や葛藤があったことはインタビューでも触れた。何度かお会いしてきたが、彼から政治的なメッセージを受け取ったことはない。自分の考えを人に押しつけることなく、もの静かに理路整然と話すごく普通の「一般人」である。

田中さんに限らず、本書で取り上げた奥野泰孝さんをはじめとした教師たちも、特定のイデオロギーや政治的主張があって不起立を貫いているわけではない。実際に、彼らが不起立をして式が混乱したという事実はない。声を荒らげて式を妨害したこともない。生徒や保護者に不起立を呼びかけたわけでもない。式の参列者から苦情があったわけでもない。ただ、静かに目立たなく着席していただけである。以前、東京都内の学校で「君が代」が流れるなか、不起立の生徒に向かって「立て！」と喚いた来賓の政治家がいたようだが、こちらの方がはるかに礼儀を欠き、式の規律と秩序を乱す「過激派」である。

不起立の教師たちに共通しているのは、「自らの良心に正直でありたい」ということだ。そして、この思想・良心の自由が、今ほど問われている時代はない。安倍政権は、犯罪の「合意（計画）」を処罰の対象にする共謀罪法案を強行採決した。犯罪行為の「結果」ではなく「合意」を処罰するには、あらかじめ特定の集団や組織をターゲットにして監視しなければ摘発はできない。捜査は「一般人」にもおよぶ。わたしたちのプライバシーや内心が権力によって丸裸にされ、表現の自由（憲法21条）も大きく制限される。内心の自由、表現の自由は人権と民主主義の根幹をなすものだ。良心に正直であることは、「日の丸・君が代」の賛否を超えた個人の尊厳の問題だ。自らの良心に従う「一般人」を犯罪者にするような社会にしていいのか。

わたしたちの良識が問われている。

注1　知的障がい児が通う七生養護学校（現七生特別支援学校）で03年7月、都議会議員3人と産経新聞記者が同校を視察し、性教育の授業が不適切だとして都議会で追及したのが発端。当時の校長と教職員が処分された。その後、元校長は処分の取り消しを求めて提訴し、元教職員や保護者らは都議らに対し精神的苦痛を受けたとして損害賠償を求めて提訴した。両訴訟とも最高裁で原告の勝訴が確定した。

注2　11年1月東京高裁で原告逆転敗訴。12年2月に最高裁は上告を棄却し原告敗訴が確定した。

注3　不起立した教員に対し、地方公務員法等に違反しているなど繰り返し「反省」させる研修。思想改造との批判が強い。

注4　最高裁が示した判断基準（「過去の処分歴」「不起立前後の態度等」「学校の規律や秩序を害する具体的な事情」があって、それが受ける不利益よりも重いと判断される場合は減給以上の処分を認める）によって、根津さんの処分（停職3カ月）は適法とされた。

注5　「注4」の判断基準に対し、須藤判決では「過去の処分歴」は「前回の停職処分（停職3カ月）で考慮されて」おり、07年処分にいたるまでの間に「処分を加重にするする新たな個別具体的な事情はない」として停職6カ月を取り消した。だが、08年事件（根津さん停職6カ月）の裁判で東京地裁は17年5月、根津さんが「強制反対　日の丸・君が代」のロゴが入ったトレーナー（汚れてもすぐに洗濯できる作業着）を日常的に着ていたことは、「学校の規律や秩序を害する具体的な事情」にあたるとして、停職処分を是認する判決を下した。根津さんは控訴した。

注6　02年4月、大泉養護学校（現大泉特別支援学校）の入学式で起きた事件。同校の教員だった渡辺厚子さんは式当日、自らデザインしたブラウスを着用。ブラウスの右胸には、黒枠で囲んだ小さな赤丸に斜線を引いたマークが入っていた。校長は「上着を着ろ」と命じたが、渡辺さんは従わず、戒告処分を受けた。ちなみに、02年3月の卒業式でもほぼ同様のブラウスを着用したが、何ら処分はなかった。渡辺さんが処分の取り消しを求めた裁判は、一審と二審に続き、07年最高裁で原告敗訴が確定した。渡辺さんは東京「君が代」裁判4次訴訟の原告でもある。

平舘英明（ひらたて・ひであき）
1964年福島県生まれ。ジャーナリスト。業界専門誌の出版社勤務を経て、フリー。おもに教育や労働現場を中心に、保育、医療、介護、生活保護、郵政、自死・遺族、ギャンブル依存症など身近な社会問題をテーマに取材している。著書に『死活ライン「美しい国」の現実（リアル）』（金曜日）。

教育を、取り戻す
「壊憲」教育に抗う人々

2018年2月9日　初版発行

著　者　平舘英明
発行人　北村肇
発行所　株式会社金曜日
〒101-0051　東京都千代田区神田神保町2-23　アセンド神保町3階
URL　http://www.kinyobi.co.jp/
（業務部）　03-3221-8521 FAX 03-3221-8522
Mail gyomubu@kinyobi.co.jp
（編集部）　03-3221-8527 FAX 03-3221-8532
Mail henshubu@kinyobi.co.jp

装　丁　加藤英一郎
印刷・製本　精文堂印刷株式会社

ISBN978-4-86572-026-6 C0036